はじめに

　スムージーを飲み始めたのは、2009年の春。つづけるうちに、体と心がみるみる元気になりました。悩んでいた肌のトラブルがなくなり、曇っていた心が晴れ渡り、体が軽くなりました。おいしくて、ついあっという間に飲みほしてしまいますが、野菜やフルーツがギュッと凝縮されているので、朝の1杯で生きた栄養をまるごととっていることになるのです。それ以来、スムージーは私のライフスタイルの一部になり、新鮮な野菜やフルーツのパワーに魅了されつづけています。

　そして数年後、アサイースムージーをたっぷり入れたくて、ひらめいたのがココナッツオイルのあきびん。なんて便利なんだろうと、それをきっかけに、ジャー生活も始まりました。さらに、保存性の高いメイソンジャーと出合い、新鮮な野菜がふんだんに入ったサラダやキラキラ美しいデトックスウォーター、スイーツをいつも楽しんでいます。

　そんなガラスジャーを使って、野菜やフルーツをたっぷりと楽しむスムージーとサラダをご提案します。これからジャー生活を始める皆さんの毎日が、豊かでhappyになりますように。

スーパーフード＆ライフスタイルクリエーター
WOONIN

JAR SMOOTHIE & SALAD
CONTENTS

はじめに　2
メイソンジャーってどんなもの？　10
そのほかのガラスジャー　12
ガラスジャーならではの7つの使い勝手　14
スムージー生活を始めましょう　16
10のデトックス習慣　18

PART 1　まるごと野菜やフルーツで体をクレンズ。
ジャードリンク

スムージーの基本　22
基本のスムージーの作り方　23

FRUITS SMOOTHIE　フルーツスムージー
アサイーベリースムージー　25
ピーナッツバターバナナスムージー　27
バナナチョコレートフラペチーノ　27
チョコレートベリースムージー　28
ふわふわストロベリースムージー　29
アボカドはちみつレモン　29
オレンジマンゴースムージー　30
アップルジンジャーシナモンミルク　31
トロピカルココシェイク　33
パープルクリーミーココシェイク　33

GREEN SMOOTHIE　グリーンスムージー
クラシックグリーンスムージー　35
三つ葉のデトックススムージー　38
クレソンのデトックススムージー　38
パセリのデトックススムージー　38
パクチーミルキースムージー　38
ベジタブルパワースムージー　39
青じそとキウイのデトックススムージー　41
春菊といちごのアボカドスムージー　41
ほうれんそう抹茶スムージー　42
ミンティオレンジミルクスムージー　42
バイカラースムージー　ピンク×グリーン　45
バイカラースムージー　パープル×イエロー　45
アーモンドトマトスープ　47
グリーンガスパチョ　47

SMOOTHIE BOWL　スムージーボウル
ジャーグラノーラ　49
アサイーボウル　50
グリーンスムージーボウル　53
ストロベリースムージーボウル　54
チョコレートスムージーボウル　54

DETOX WATER　デトックスウォーター
基本のデトックスウォーターの作り方　57
キウイレモネードウォーター　58
メープルレモネードウォーター　58
ストロベリーレモネードウォーター　59
メロン＆セロリのデトックスウォーター　60
きゅうり＆レモンのデトックスウォーター　60
ベリー＆オレンジのビタミンウォーター　61
チェリージンジャーハニーウォーター　63
アップルシナモンハニーウォーター　63
パイナップルレモンCOCOウォーター　64
ブルーベリーCOCOウォーター　65
カモミールティーオレンジウォーター　66
スパークリングナナティー　66
スパークリングいちごグリーンティー　67

NUTS MILK　ナッツミルク
基本のナッツミルクの作り方　69
アーモンドミルク　70
チョコレートアーモンドミルク　71
アーモンドアボカドスムージー2種
　〜プレーン＆ブルーベリー〜　72
くるみミルク　73
抹茶くるみラテ　74
ストロベリーくるみシェイク　75

COLUMN
スーパーフードにトライ！　76

PART 2 作りおきできて おもてなしにも華やか。 ジャーサラダ

JAR SALAD ジャーサラダ

レイヤーサラダ
基本のレイヤーサラダの作り方　81
イスラエルサラダ　82
パセリとビーツのボルシチ風サラダ　83
いちごとレタスのフレンチサラダ　84
かぼちゃとカシューナッツのサラダ　85
青じそ、みょうが、なすのだし風サラダ　86
大根と三つ葉のはるさめサラダ　87
メキシカンチリビーンズサラダ　88
根菜とくるみの白あえ風春菊サラダ　89
生ズッキーニと温野菜のサラダ　90
きくらげともやしの中華サラダ　91

ジャーシェイクドレッシング
サルサドレッシング　92
和風にんにくしょうがだれ　92
タヒニクリームドレッシング　95
ごまみそ中華ドレッシング　95
地中海ドレッシング　95

ねかせるサラダ
キャロットラペ　96
タイ風ラペ　97
マヨなしカリーポテサラ　98
アジアンコールスロー　99
ベトナム風ピクルス　101
2種類のマスタードピクルス　101
ブロッコリーの梅肉ごまサラダ　103
きゅうりのピリ辛漬け　103
彩りきんぴらマリネ　104
さつまいものバルサミコマリネ　105
紫キャベツとりんごとくるみのマリネ　106
マッシュルームのオイルマリネ　106

COLUMN
ガラスジャーでDIY！　108

PART 3 ランチやブランチ、おやつに。 ジャーべんとう＆ジャースイーツ

JAR LUNCH BOX ジャーべんとう
キヌアのコブサラダべんとう　113
アボカドのライスサラダべんとう　114
押し麦のリゾット風べんとう　115
枝豆のパスタべんとう　116
ヌードルサラダべんとう　117

JAR SWEETS ジャースイーツ
アーモンドミルクポリッジ　119
チアプディング〜抹茶＆ショコラ〜　121
焼かないアップルクランブル　122
アボカドピーチクリーム　123
マスカルポーネのフルーツトライフル　124

材料別Index　126

WORKING WITH DETOX WATER.

HAPPY MORNING
AND
START THE DAY
WITH JAR SMOOTHIE

気がついたら、朝がいちばん好きな時間に。
朝のインスタグラム@woonin_lifestyleは
楽しみのひとつ。

GREEN DETOX MORNING!

THE BLUE SKY
MAKES ME HAPPY!

朝にまとめてジャーランチを作っておく日も。
ジャーサラダ、アサイースムージー、チアプディング。

RED BEAUTY DRINK

EARLY IN THE MORNING

WHAT IS THE MASON JAR?
メイソンジャーってどんなもの？

メイソンジャーは、1858年に発明された、保存用のガラスびん。
特にBall社の製品が有名です。昔から保存食作りに使われてきた
メイソンジャーですが、最近、アメリカを発端に、日本でも大流行！
ドリンクやサラダの容器として使うなど、活用方法がどんどん広がっています。

BALL
ボール

アメリカで100年以上前からメイソンジャーを作っている老舗ブランド。"Ball"のロゴなどが透かし彫りされたデザインが人気です。

目盛りつきで便利！
さまざまなデザインパターンのジャーが販売されていますが、目盛りつきのものを選べば計量カップがわりにもなります。

二重のふたがポイント！
メイソンジャー最大の特徴は、ふたが内ぶたと外枠の二重構造になっていること。そのおかげで密閉度がアップし、長期保存が可能に。

BASIC!

レギュラーマウス

直径約7cm。口が狭めなのでスムージーなど飲み物向き。現在主に販売されているのは、240ml、480ml、950mlの3サイズ。480mlでコップ軽く2杯ほどのスムージーが作れます。

ワイドマウス

直径約8.5cm。口が広いのでサラダなどが作りやすいです。現在主に販売されているのは、245ml、480ml、700ml、950ml、1900ml。480mlで2〜3人分のサラダが作れます。

SMALL!

小型のジャーは
デザートに

120〜240ml程度のミニジャーは、1人前ずつ食べたいデザートにぴったり。いちばん左のキルトカットのデザインも、Ball社のシリーズ。(a)

DRINK!

飲みやすい
持ち手つき

飲み物用に使うなら、持ち手つきのタイプが便利。左はライフスタイルショップ「SALON adam et ropé」とのコラボデザイン。(b)

**ふたをかえて
ドリンク仕様に**

メイソンジャーは、ふたなど付属品のバリエーションが豊富。内ぶたをストロー穴つきのものに交換すれば、ドリンクボトルに変身！

**持ち歩いて
飲みたいときに**

「cuppow」は口にフィットする形状の内ぶたで、メイソンジャーをトラベルマグに変えるアイテム。ドリンクをこぼさずに飲めます。

**紙ストローを使うと
さらにかわいい！**

ストローは市販のものにかえてもOK。カラフルでかわいい柄の紙製ストローは、衛生的にも◎。

☆ ジャーの容量は編集部調べ。
☆ (a)はLiving Life Market Placeで、(b)は、SALON adam et ropéで購入可能(P.96)。

OTHER GLASS JARS
そのほかのガラスジャー

Ball社のメイソンジャー以外にも、
世界各地で保存用のガラスジャーが作られています。
自分好みのジャーを探すのも楽しい！

LE PARFAIT

ル・パルフェ

フランスで1935年から作られている保存びん。ふたの種類やびんの形、サイズなど豊富なバリエーションがあります。

二重のふたで密閉

「ダブルキャップジャー」タイプは、内ぶたを閉めてから外ぶたを閉める2段階でびんの中の空気を追い出し、密閉度を高めます。

サイズを使い分けて

500ml（右）は2〜3人分のサラダやおべんとうを作るときにちょうどいいサイズ。200ml（左）はデザートやドレッシング作りに。

ゴムパッキン式も便利

ゴムパッキンをはめてから、金具でふたをするタイプもあります。サラダには口が広い「テリーヌジャー」が使いやすいです。

**ドリンクを入れたくなる♡
かわいいジャーやプラ製のものも**

かわいいびんやプラスチック製の軽いものは、ドリンクを飲むときにグラスがわりに楽しんでも。特にaladdinはプラスチック製で軽いので、気軽に持ち運びできます。

左から、アメリカの「aladdin」（アラジン）のメイソンジャー、100円ショップ「セリア」の保存びん、ジャムのあきびん。

KILNER

キルナー

イギリスの老舗ガラスメーカーの保存びん。ふたが二重構造の「プリザーブ ジャー」のほか、ゴムパッキン式のびんがあります。

上品なデザインがすてき!
〝KILNER〟のロゴがすっきりと入ったびんと、クラシックなフルーツ柄のふたの組み合わせがヨーロピアンテイスト。

WECK

ウェック

いちごマークがかわいいドイツ製の保存容器。ゴムパッキンとステンレスクリップを使ってふたをします。サイズや形の種類が豊富。

用途に合ったサイズ選びを
口が広い「Mold Shape」の500ml(中)はおべんとうに◎。多めに作りおきするなら750ml(左)、ソースには80ml(右)を。

MUJI

無印良品

おなじみ無印良品でもジャーを発見! 厚手のソーダガラス製で、サイズ、形ともに豊富。ゴムパッキンつきなので密閉度も高いです。

500mlサイズは器がわりに
サイズによって形が違うので使いみちに合わせて。口が広くて浅めの500mlは食べやすいので、スムージーボウルやおべんとうの器に。

7 REASONS TO USE THE MASON JAR
ガラスジャーならではの7つの使い勝手

① STYLISH

とにかくかわいくてスタイリッシュ

鮮やかなスムージーや、野菜がカラフルなサラダは、透明なガラスジャーに入れると引き立ちます。おもてなしにも使えるかわいさ。

② EASY

ジャーの中で調理できる！

サラダは直接ドレッシングと野菜を入れるだけ。スムージーは目盛りが活用でき、バーミキサーが入る口径はますます便利。調理も保存も食器としても完結！

③ PORTABLE

持ち運びできる！

ふたがしっかり閉まるジャーを選べば持ち運びも可能。スムージーやサラダをおべんとうにしたり、持ち寄りパーティーに持参しても。

④ USEFUL

目盛りが便利！

側面に目盛りが入っているガラスジャーを選べば、メジャーカップがわりに。計量するときも食べるときも同じ容器ですみます。

Ball社のメイソンジャーなど密閉できるタイプの保存びんが愛されるワケ。保存性やかわいさ以外にも魅力がいっぱい。

⑤ ECOLOGICAL

再利用できる!

使い捨ての容器と違って、洗いやすくて何度でもリユースできるガラスジャー。経済的で、地球にもやさしい!

⑥ CLEAN

殺菌できるから清潔!

長期保存したい場合、ジャーを10分ほど(ふたは1分程度)煮沸し、自然乾燥させてから使いましょう。アルコール消毒でもOKです。

⑦ SEALED STORAGE

密閉保存できる!

ふたが密閉できる構造のジャーなら、材料が新鮮な状態のまま、数日間保存できます。まとめて作りおきができるので便利。

【この本のルール】

☆ 本書での計量は、大さじ1=15ml、小さじ1=5ml、1カップ=200mlです。

☆ 材料は特別な記載がないかぎり、標準的なサイズのガラスジャー(480〜500ml)を使用したときの分量です。違うサイズのガラスジャーを使用している場合もありますが、お手持ちのジャーのサイズを確認しながら活用してください。

☆ 野菜や果物は大きさによって量が変わってくるので、ジャーサラダなどは、計量カップで計量してから入れると、きれいにおさまります。

☆ この本で表示している保存期間は目安です。時期や保存状態によっても多少異なりますので、様子を見ながらなるべく早めに食べきりましょう。

☆ 本書のレシピでは、塩は天然海塩を使用しています。塩の種類によって味わいが異なるので、分量は目安として、お好みでかげんしてください。

☆ アボカド、トマト、マンゴー、バナナは完熟を選ぶことをおすすめします。

☆ 材料に出てくる〝豆乳またはアーモンドミルク〟は、お好みで牛乳にかえても作れます。

☆ 本書で解説する美容や健康面の作用は、栄養学的な情報に基づいたものですが、あらわれる効果は個人差があります。

NO VEGETABLE' NO LIFE.
スムージー生活を始めましょう

SCENE 1
WHEN?
いつ？

おすすめなのは、朝食がわりにスムージーを飲むこと。消化にかかる負担が少ないスムージーは、目覚めたばかりの体をやさしく起こしてくれます。また、午前中は、体がデトックスモードになるので、デトックス効果も期待できます。でも、朝、時間がない場合は、出先で一息ついたときに飲んでもOK。スムージーをガラスジャーに入れて、出かけましょう！

SCENE 2
WHAT KIND?
何のスムージーにする？

どのスムージーをチョイスするかは、その日の体調や気分で、自分の体が何を欲しているかで決めるのがベスト。気の向くままに楽しみましょう。ただ、もしデトックスやダイエット効果を得たい場合は、グリーンスムージー（p.34～）をおすすめします。外食や不摂生がつづいた場合も、体が酸性に傾いてしまうのでグリーンスムージーで調整を。クロロフィルの多い葉物野菜は体内をアルカリ化する力が強く、バランスをととのえてくれます。

ABOUT
NUTRIENT
»

加熱しないとなぜいいの？

果物や野菜の栄養素は、加熱によって壊れてしまうものも多々あります。その点スムージーは加熱の必要がないので、美容と健康に最大限に効果を期待できる食べ方。調理がラクなのも朝食向きです。

WHY? なぜヘルシー？

野菜やフルーツをぎゅっと凝縮し、栄養素の宝庫であり濃厚な味わいで満足度大。本書のスムージーは天然の甘味料であるメープルシロップやはちみつ、フルーツで甘みをつけているので体に負担をかけません。チョコレート味も無糖のココアパウダーで作ります。基本的にカロリーも100kcal台以下なので安心して飲めます。

SCENE 3
HOW MUCH?
どのくらい？

よく「1日に飲む量はどのくらい？」と聞かれますが、自分が心地いいと感じた量があなたにとっての適量。2～3杯飲みたい日もあれば、飲みたくない日だってあります。その日の体調や気分を優先してください。女性の体はとても繊細ですので、無理をしないで。たいせつなことは、気楽に長くつづけるということです。

SCENE 4
LET'S TRY!
実感しましょう

楽しくスムージー生活をつづけるうちに、いつの間にか効果を実感するはずです。フェイスラインやデコルテラインがすっきりしてきて、やがてボディラインも引き締まってきます。不要な老廃物が流れると、お通じがどんどんよくなってすっきり！ 体も心も軽くなる気持ちよさを、ぜひ味わってください。

HOW TO DRINK »

スムージーを飲むときには

スムージーは歯の健康を保つため、できるだけストローで飲むようにして。酸の強い柑橘系のフルーツなどを使ったスムージーには、歯のエナメル質を傷つける性質があります。

10 HABITS OF DETOXING

1
朝、起きたら
白湯を飲む

水は不純物を分解して、体の外へと流す働きがあります。白湯にして飲むことで、代謝や消化力が上がる効果も。その日の体調によって、デトックスを促すレモンのしぼり汁や疲労回復に効くはちみつを加えてアレンジしても。

2
むくんだときは
りんご酢ウォーター

りんご酢には、細胞の水分調整をするカリウムが多く含まれており、利尿作用があるので、むくみに効果的です。ガラスジャーにりんご酢大さじ1を入れ、常温の水を1杯分注げば、りんご酢ウォーターのでき上がり。

3
毎日スムージーを
飲む

おなかがすいたときは、体調や気分でチョイスしたスムージーを飲みましょう。おやつがわりに飲んでもOK。余分なカロリーや人工的な甘みではなく、栄養たっぷりの野菜やフルーツでおなかを満たす習慣をつけて。

10のデトックス習慣

スムージーをはじめ、
ぜひ毎日の食生活で意識して
行ってほしいことをご紹介します。
食べ物や食べ方を変えて、
体の中からきれいにしていきましょう。

4
水を
たくさん飲む

老廃物を流してくれる水はしっかり飲むようにしましょう。水だけでは飲みにくいなら、ぜひデトックスウォーター（p.56〜）を。フルーツやハーブなどの栄養素がとけ込んでいるので、よりデトックス効果も高まります。

5
でも、食事中には
水を飲まない

食事中に水をたくさんとると、よくかまなくても食べ物を飲み込めるので、糖質を分解してくれる唾液があまり出なくなります。また、胃の中の消化液も薄まってしまいます。しっかりかんで食べて、消化力を上げましょう。

6
カフェインよりも ハーブ

興奮作用の強いカフェインの入ったコーヒーや紅茶などは控えめに。刺激が少なく、健康的な効能のあるハーブティーを選んで。リフレッシュしたいときはミント、気持ちをしずめたいときはカモミールがおすすめです。

7
脂質も しっかりとる

脂質には腸の動きをスムーズにし、代謝をよくする効果が。便秘改善、冷え防止にもなります。ナッツミルク（p.68）やエクストラヴァージン（E.V.）オリーブオイル、ココナッツオイルなど植物性の良質な脂質をとりましょう。

DAILY DETOX!

8
野菜たっぷりで 体を浄化

CHECK!
TOTAL
120g

野菜と解毒作用の強いハーブをたっぷり食べましょう。本書では、野菜を使ったスムージーとサラダのレシピに総摂取量の目安アイコンをつけました（アボカド、きのこ、豆類、いも類を含む）。1日350g食べることを目標にしましょう。

9
穀物を1日1回、 適量とる

穀物は体を動かすエネルギー源となる食べ物。お通じをよくしてくれる効果もあります。ただ、糖質が気になるので食べすぎには注意しましょう。私は1日1回、適量をとるようにしています。

10
無添加の ものを選ぶ

なるべく自然のままの食材を食べたいので、買うときには原材料のラベルを見て、保存料や防腐剤、添加物の入っていないものを選ぶようにしています。自分の食べているものに意識を向けることが、たいせつです。

PART
1
DRINK

まるごと野菜やフルーツで体をクレンズ。
ジャードリンク

ビタミンや栄養たっぷりのパワードリンク、スムージー。フルーツのエキスを水に移したデトックスウォーター。やさしい甘さのナッツミルク。朝、ヘルシードリンクをジャーに注げば、気持ちよく1日をスタートできます。

p.24 》》》 フルーツスムージー
p.34 》》》 グリーンスムージー
p.48 》》》 スムージーボウル
p.56 》》》 デトックスウォーター
p.68 》》》 ナッツミルク

スムージーの基本

まずはかくはんするための道具が必要です。
価格が手ごろでスムージーが作りやすいミキサー、
高価格だけどなめらかなスムージーが作れるバイタミックス、
ガラスジャー内で調理できる手軽なバーミキサー……
自分のライフスタイルに合った道具を選びましょう。

あると便利な道具

ミキサー
200W程度のパワーであれば、たいていのスムージーが作れます。容量は、1000mlが使いやすい。

シリコンスパチュラ
ミキサーに残ったスムージーを、きれいにすくいとるのに便利。粘度のあるスムージーはミキサーに残りやすいが、これがあると飲みほせます。

バイタミックス
（TNC5200）
900W＆2ℓと、抜群のパワーと容量を誇る高速回転のミキサー。種や皮も粉砕し、なめらかな口当たりのスムージーが作れます。

バーミキサー
いちばん手軽で、ガラスジャーに直接入れて材料をかくはんすれば洗い物もなし。少し仕上がりはあらめだが、場所もとらないので使いやすい。

COLUMN　バーミキサーでスムージーを作るときは……

皮がかたい果物や葉物野菜は粉砕しきれず、ザラザラ感が残ることもあるので、バナナやアボカドなど、やわらかい材料を使ったスムージーにおすすめ。材料は小さめにカットして、皮のある食材はむいておくと、刃が回りやすい。

22

PART 1 DRINK
フルーツスムージー

基本のスムージーの作り方

まずはスムージーの基本的な作り方をマスターしましょう。
要領がわかれば食材をかえたり、好みのテクスチャーに調整しながら
オリジナルスムージーが作れるようになります。

1  塩小さじ1程度をとかした水に、材料の野菜や果物を3～4分ほどひたし、流水で洗う。

POINT!
ワックスなどを落としましょう。

2 野菜や果物を適当な大きさに切る。

POINT!
ミキサーでかくはんするので、切る大きさは適当でOK。

3 野菜と果物をミキサーに入れ（なるべくやわらかいもの、水分が多いものは最初に入れるよう意識）、水など水分を加える。ミキサーのふたをしてスイッチを入れ、材料がなめらかになるまでかくはんする。

POINT!
葉物野菜を入れる場合は、最後に入れるとミキサーの刃が回りやすい。

■ **材料の切り方**
どの野菜や果物でも、水洗いして、しんや種、へた、根元など、かたい部分やふだん食べない部分はとり除くのが基本。
[葉物野菜やきゅうり]→へたは切り落とす。
[バナナ]→皮をむく。アボカドやマンゴーなども同様に。
[トマトやりんご]→皮も食べやすい果物なら、むかなくてもOK。へたはとる。
[柑橘類]→オレンジやレモン、ライムなどは皮をむいて果肉をとり出す。

■ **冷凍のフルーツ**
ベリー類や桃などは、冷凍食品を使えば季節を問わず楽しめます。本書では冷凍とフレッシュをどちらも使用していますが、手に入るほうでOK。冷凍のほうが冷たく、多少色鮮やかな仕上がりに。

■ **"冷凍バナナ"を加えるスムージーは**
バナナの皮をむき、適当に輪切りにしてラップに包み、冷凍庫に入れて凍らせたものを使いましょう。常備しておくと日もちもしていつでも使え、便利。なければフレッシュでも。

■ **"水"を加えるスムージーは**
水は、好みでかげんしてOK。目安として分量を表記していますが、野菜や果物の水分量などによっても仕上がりは変わります。また、より冷たくしたいときは、氷を入れてもOK。

■ **"豆乳またはアーモンドミルク"を
　加えるスムージーは**
本書では、豆乳やアーモンドミルクをおすすめしていますが、好みや体質によって牛乳におきかえてもOK。アーモンドミルクは市販でも、手作り(p.70、73)でも。

■ **甘味料を加えるときは**
本書でははちみつやメープルシロップなど天然の甘味料を使用しています。好みでどちらにおきかえてもOK。チョコレート味も純ココアパウダーを使うのでヘルシーで安心。

23

FRUITS SMOOTHIE

フルーツスムージー

果物に水を加えて作るフルーツスムージーは、
果物の理想的な食べ方。水を加えることにより果糖が薄まり、
血糖値の急激な上昇が避けられます。
果物をいくつか組み合わせることで、
スムージーのバリエーションはぐっと広がり、
栄養的な効果もアップします。
また、果物以外にナッツミルクや豆乳、
ココアなどを加えると、ミルキーシェイクのような
デザート風の仕上がりになります。
小腹がすいたときやおやつにも満足度大。

デトックス	美肌
つや髪	

アサイーベリー
スムージー

- 材料（ガラスジャー1個分）
冷凍アサイーピューレ（無糖）　1パック（100g）
冷凍ブルーベリー　1/4カップ
冷凍いちご　5個
レモンのしぼり汁　1/8個分
はちみつ　大さじ1/2
豆乳またはアーモンドミルク（p.70）　200ml

- 作り方
材料をミキサーに入れてかくはんし、ジャーに注ぎ、好みでブルーベリーやミントを飾る。

※加糖のアサイーピューレを使用する場合は、はちみつの量で甘さを調整する。

TIPS!
話題の
スーパーフード
〝アサイー〟

アサイーはアンチエイジング効果抜群のスーパーフルーツ（p.77）。スーパーや輸入食品店などで入手できる。果肉をピューレ状に加工したものが使いやすい。

美肌　つや髪
ピーナッツバター
バナナスムージー

美肌　つや髪
バナナ
チョコレート
フラペチーノ

ピーナッツバターバナナスムージー

●**材料**（ガラスジャー1個分）
バナナ　1/2本
ピーナッツバター（無糖）、メープルシロップ　各大さじ1
シナモンパウダー　少々
氷　1/2カップ
豆乳またはアーモンドミルク（p.70）　200ml

●**作り方**
材料をミキサーに入れてかくはんし、ジャーに注ぐ。

TIPS!
バナナは完熟したものを選んで
バナナは免疫力をアップしてくれる果物。黒い斑点（シュガースポット）が出るくらい熟したほうが免疫効果が上がり、甘みも増す。

バナナチョコレートフラペチーノ

●**材料**（ガラスジャー1個分）
冷凍バナナ　1本
純ココアパウダー、ヴァージンココナッツオイル、メープルシロップ
各大さじ1/2　豆乳またはアーモンドミルク（p.70）　200ml

●**作り方**
材料をミキサーに入れてかくはんする。好みで、チョコレートソース、アーモンドスライス、ココナッツロング各適量をトッピングする。

TIPS!
ココナッツオイルでダイエット
ココナッツオイルは脂肪を燃焼してくれる効果が（p.77）。積極的にとり入れて。温度が低いと固まるが、湯せんをすると液体に戻る。

> ヘルシー&まぜるだけ

COLUMN　チョコレートソース

●**材料と作り方**
純ココアパウダー、ヴァージンココナッツオイル各大さじ1、メープルシロップ大さじ2を小さめのガラスジャーに入れ、スプーンでよくまぜる。

＊常温で5日間ほど保存可能。寒い時期はかたくなるので、湯せんで戻すとよい。かたいままでもチョコレートディップとしてフルーツやパンにつけて楽しめる。

| 美肌 | つや髪 |

チョコレートベリー
スムージー

TOTAL 70g

●材料（ガラスジャー1個分）
冷凍ブルーベリー　1/2カップ
アボカド　1/2個
純ココアパウダー、メープルシロップ　各大さじ1
豆乳またはアーモンドミルク（p.70）　200ml

TIPS!
冷え性女子は
ココアに注目

ココアに含まれる鉄は、体をあたためる効果が。砂糖などが入っていない「純ココア」は、製菓材料売り場などで購入できる。

●作り方（3品共通）
材料をミキサーに入れてかくはんし、ジャーに注ぎ、好みでブルーベリーやいちご、ミントをトッピングする。

デトックス	美肌
つや髪	

PART 1 DRINK フルーツスムージー

ふわふわストロベリースムージー
TOTAL 70g

●**材料**（ガラスジャー1個分）
冷凍いちご10個　アボカド1/2個　レモンのしぼり汁1/4個分　はちみつ大さじ1　水200ml

> **TIPS!**
> **いちごは美肌フルーツ**
> まるでヨーグルトのような味とテクスチャー。いちごは美肌成分ビタミンCが豊富で、1杯で1日に必要なビタミンCがとれる。

デトックス	美肌
小顔	

アボカドはちみつレモン
TOTAL 70g

●**材料**（ガラスジャー1個分）
りんご1/4個　アボカド1/2個　レモン1/2個　はちみつ大さじ1　水200ml

> **TIPS!**
> **レモン＋アボカドでデトックス力を高める**
> レモンに含まれるカリウムが余分な水分を排出し、アボカドのビタミンB2が腸壁をなめらかにしてお通じをよくしてくれる。

● 材料（ガラスジャー1個分）
オレンジ　1個
冷凍マンゴー　4切れ
豆乳またはアーモンドミルク（p.70）　200ml

● 作り方
材料をミキサーに入れてかくはんし、ジャーに注ぐ。

TIPS!
マンゴー×ミルクで美肌づくり
マンゴーは美肌に効くカロテンやビタミンCが豊富。肌をうるおしてくれるアーモンドミルクを合わせるとさらに効果アップ。

デトックス　美肌　つや髪

オレンジマンゴースムージー

PART 1 DRINK
フルーツスムージー

美肌　つや髪

アップルジンジャー シナモンミルク

● 材料（ガラスジャー1個分）
りんご　1/2個
バナナ　1/2本
しょうが（薄切り）　1かけ分
シナモンパウダー　小さじ1/2
メープルシロップ　大さじ1
豆乳またはアーモンドミルク（p.70）　200ml

● 作り方
材料をミキサーに入れてかくはんし、ジャーに注いでシナモンパウダー適量（分量外）を振る。

TIPS!
冷えを吹き飛ばす
しょうがと
シナモン

しょうがとシナモンはどちらも冷えとり効果が高く、飲むと手足がポカポカしてきます。少しあたためて、ホットスムージーにしても。

デトックス 美肌 つや髪

トロピカル ココシェイク
TOTAL 15g

デトックス 美肌 つや髪

パープルクリーミー ココシェイク
TOTAL 70g

PART 1 DRINK
フルーツスムージー

トロピカルココシェイク

●**材料**（ガラスジャー1個分）
冷凍マンゴー、パイナップル
　各2切れ
オレンジ　1個
しょうが（薄切り）　1かけ分
ココナッツウォーター　200ml

TIPS!
体をうるおす
ココナッツ
ウォーター

ココナッツウォーターは電解質やミネラルが豊富で、効率的に水分補給できる。また、スムージーにほんのりトロピカル風味を加えてくれる。

パープルクリーミーココシェイク

●**材料**（ガラスジャー1個分）
冷凍ラズベリー　1/2カップ
アボカド　1/2個
レモン　1個
はちみつ　大さじ1
ココナッツウォーター　200ml

TIPS!
フルーツの力で色白肌へ
ラズベリーとレモンに含まれるビタミンCはシミの予防や美白に効果があり、毛穴も引き締めてくれる。ラズベリーはブルーベリーでもOK。

●**作り方**（2品共通）
材料をミキサーに入れてかくはんし、ジャーに注ぐ。

GREEN SMOOTHIE

グリーンスムージー

食物繊維とクロロフィルがたっぷりの葉物野菜を使った
グリーンスムージーは、腸にたまっている
老廃物を掃除してくれるので、デトックスに最適。
WOONIN流のグリーンスムージーは、香りが高く、
解毒作用の強いハーブ系の葉物野菜を使用することで、
さらに効率的に排出を促します。
また、胃腸をあたためる材料も入れているので、
寒い時期でも冷えを気にせずにスムージーを楽しめます。

デトックス 小顔 美肌

クラシック グリーンスムージー
TOTAL 30g

● 材料（ガラスジャー1個分）
小松菜の葉　1株分
バナナ　1/2本
りんご　1/4個
オレンジ　1/2個

● 作り方
材料と水200mlをミキサーに入れてかくはんし、ジャーに注ぐ。

TIPS!
毎日飲んでも
飽きないおいしさ

ベーシックなグリーンスムージー。小松菜の食物繊維が腸の老廃物をお掃除し、フルーツと水が体の外へと押し出してくれる。

| デトックス | 小顔 | 美肌 |

三つ葉のデトックス
スムージー

| デトックス | 小顔 | 美肌 |

クレソンのデトックス
スムージー

PART 1 DRINK
グリーンスムージー

| デトックス | 小顔 | 美肌 |

パセリのデトックス
スムージー

| デトックス | 小顔 | つや髪 |

パクチーミルキー
スムージー

※材料と作り方はp.38参照

三つ葉のデトックススムージー　TOTAL 50g

●材料（ガラスジャー1個分）
三つ葉の葉　1袋分
バナナ　1本
レモン　1/2個
ライム　1/2個
水　200ml

TIPS!
**三つ葉の香り効果で
リラックス**

三つ葉の香りの成分には心をしずめる効果がある。また、鉄が豊富で、その吸収をレモンやライムが助けてくれる。

クレソンのデトックススムージー　TOTAL 45g

●材料（ガラスジャー1個分）
クレソンの葉　1束分
バナナ　1/2本
パイナップル　1/10個
しょうが　1かけ
水　200ml

TIPS!
**クレソンは、胃腸が
重いと感じるときに**

肉料理にもよく添えられるクレソンは、消化を促す作用が。同じ効果があるパイナップルやしょうがもプラスして、胃腸すっきりの1杯。

パセリのデトックススムージー　TOTAL 110g

●材料（ガラスジャー1個分）
パセリの葉　1/2袋分
アボカド　1/2個
りんご　1/4個
グレープフルーツ　1/2個
水　200ml

TIPS!
**パセリ＋グレープフルーツは、
むくみ太りが気になるかたに**

余分な水分を排出してくれるパセリとグレープフルーツは、むくみ解消に効果あり。りんごとアボカドが便通も改善し、スッキリボディーに。

パクチーミルキースムージー　TOTAL 20g

●材料（ガラスジャー1個分）
パクチーの葉　2株分
バナナ　1/2本
レモン　1/2個
はちみつ　大さじ1/2
豆乳またはアーモンドミルク（p.70）　250ml

TIPS!
**パクチーで体の
中からきれいに**

鉛などの有害物質がたまるのを抑えるとされるパクチーと、不要な塩分を流すカリウムが豊富なバナナの組み合わせ。

●作り方（4品共通）
材料をミキサーに入れてかくはんし、ジャーに注ぐ。

PART 1 DRINK
グリーンスムージー

VEGETABLE POWER Smoothie!

デトックス 小顔
美肌

ベジタブルパワースムージー
TOTAL 155g

● 材料（ガラスジャー1個分）
セロリの葉　1本分
トマト　1/2個
　（またはミニトマト3〜4個）
きゅうり　1/2本
グレープフルーツ　1個
ライム　1個

● 作り方
材料と水150mlをミキサーに入れてかくはんし、ジャーに注ぐ。

TIPS!
サラダ並みの野菜がこれ1杯に

捨ててしまいがちなセロリの葉も、実は美肌効果満点。肌のたるみに効くトマト、きゅうり、グレープフルーツもいっしょに。

デトックス 小顔
美肌

青じそとキウイの デトックス スムージー
TOTAL 10g

デトックス 美肌
つや髪

春菊といちごの アボカドスムージー
TOTAL 130g

青じそとキウイのデトックススムージー

● **材料**（ガラスジャー1個分）

青じそ　1束
キウイ　1個
りんご　1/4個
レモン　1/2個

TIPS!
青じそで免疫力をアップし、かぜ予防
カロテンとビタミンCが豊富な青じそは免疫力を高めてくれる野菜。漢方では発汗を促す薬としても使われ、あたため効果も期待できる。

春菊といちごのアボカドスムージー

● **材料**（ガラスジャー1個分）

春菊の葉　1/3束分
アボカド　1/2個
いちご　5個
オレンジ　1/2個

TIPS!
春菊でいつまでもみずみずしい素肌に
春菊は活性酸素の働きを抑制してくれる野菜。老化を防ぐビタミンCが豊富ないちごも加えて、肌の若さをキープ。

● **作り方**（2品共通）
材料と水200mlをミキサーに入れてかくはんし、ジャーに注ぐ。好みでいちごなどを飾る。

ほうれんそう抹茶スムージー

●**材料**(ガラスジャー1個分)
ほうれんそうの葉　1株分
アボカド　1/2個
りんご　1/4個
抹茶　小さじ1
はちみつ　大さじ1/2
水　200ml

TIPS!
ほうれんそう×抹茶でさびない体に
ほうれんそうと抹茶に含まれる、抗酸化物質クロロフィルをたっぷり摂取できるスムージー。マイルドで飲みやすい味なのでグリーン初心者にぴったり。

ミンティオレンジミルクスムージー

●**材料**(ガラスジャー1個分)
ミント　ひとつかみ程度
アボカド　1/2個
オレンジ　1個
豆乳またはアーモンドミルク(p.70)　200ml

TIPS!
さわやかミントでリフレッシュ
ミントには心を晴れやかにする作用があり、精神を安定させてくれる。乾燥から肌を守るアボカドとアーモンドもプラスして、お肌もしっとり。

●**作り方**(2品共通)
材料をミキサーに入れてかくはんし、ジャーに注ぐ。

PART 1 DRINK
グリーンスムージー

デトックス 美肌 つや髪

ほうれんそう
抹茶スムージー
TOTAL 100g

デトックス 美肌 つや髪

ミンティオレンジ
ミルクスムージー
TOTAL 75g

バイカラースムージー

| 美肌 | つや髪 |
ピンク×グリーン
TOTAL 20g

| 美肌 | つや髪 |
パープル×イエロー
TOTAL 70g

PART 1 DRINK グリーンスムージー

ピンク×グリーン

●**材料**（240mlのガラスジャー約2個分）

ピンク
冷凍バナナ　1本
冷凍いちご　5個
水　50ml〜（様子を見て足す）

グリーン
パセリの葉　1/2袋分
冷凍バナナ　1本
水　50ml〜（様子を見て足す）

TIPS!
色と味のコントラストを楽しんで
スムージーは水分を少なめにして、少々かためのテクスチャーにするのがコツ。バナナは少し解凍しておくとミキサーが回りやすくなる。

パープル×イエロー

●**材料**（240mlのガラスジャー約2個分）

パープル
アボカド　1/2個
冷凍ブルーベリー　1/2カップ
水　50ml〜（様子を見て足す）

イエロー
冷凍バナナ　1本
パイナップル　1/10個
水　50ml〜（様子を見て足す）

TIPS!
気分が上がるカラフルスムージー
トロピカルなパイン味と、甘ずっぱいベリー味が両方楽しめる1杯。冷凍ブルーベリーを使用すると生より鮮やかな紫色に仕上がります。

●**作り方**（2品共通）

1　それぞれの材料をミキサーでかくはんし、2種類のスムージーを作る。ミキサーの刃がよく回らない場合は水を少しずつ足すとよい。

2　ジャーに半分まで下層のスムージーを注ぎ、つづいてもう1色のスムージーをゆっくりと重ね入れて、好みでいちごやブルーベリーをトッピングする。

飲むサラダ ～冷製スープ～

美肌 / つや髪
アーモンドトマトスープ
TOTAL 85g

デトックス / 美肌
グリーンガスパチョ
TOTAL 235g

PART 1 DRINK
グリーンスムージー

アーモンドトマトスープ

●材料（120mlのガラスジャー 3〜4個分）
アーモンドミルク（p.70）または豆乳　200ml
トマト　1/2個
紫玉ねぎ（みじん切り）　大さじ1
みそ、メープルシロップ　各小さじ1
塩　小さじ1/3
クミンパウダー　少々

TIPS!
ピンク色がかわいい夏のスープ

まろやかなアーモンドミルクの風味と、トマトの甘ずっぱさがおいしい冷たいスープ。豆乳にすると"ソイトマトスープ"に。クミンの風味が食欲をそそります。

グリーンガスパチョ

●材料（120mlのガラスジャー 3〜4個分）
アボカド　1個
きゅうり　1本
ライムのしぼり汁　1個分
パプリカ　1/4個
パセリ　1/2袋
紫玉ねぎ（みじん切り）　大さじ1
はちみつ　小さじ1/2
塩　小さじ1/3
水　150ml

TIPS!
食用の生花やハーブを冷やし固めた華やかな氷

エディブルフラワーやディル、タイムなどのハーブを製氷皿に少しずつ入れて水を注ぐと、かわいいフラワー入り氷のでき上がり。とけたときにハーブの味も楽しめる。

●作り方（2品共通）
材料をミキサーに入れてかくはんし、ジャーに注ぐ。好みで、あらびき黒こしょうやフラワー入りの氷をトッピングする。

47

SMOOTHIE BOWL

スムージーボウル

スムージー＋トッピングで、ボリュームのある1食に。
フルーツやグラノーラ、ナッツ、ココナッツロング、
ピーナッツバターなど、好みのものをトッピング。
ビタミン、ミネラル、たんぱく質をしっかり摂取できるので、
エネルギーをチャージしたい朝ごはんにおすすめです。
また、ナッツ類やピーナッツバターなどには、
良質な脂質もたっぷり入っているので、女性ホルモンの
働きを促し、ツヤのある肌や髪へと導いてくれます。

スムージーボウルのトッピング

つや髪　美肌

ジャーグラノーラ

●材料（ガラスジャー1個分）
オートミール（オーツ麦）1/2カップ　あらく刻んだ素焼きアーモンド3/4カップ　レーズン、ココナッツロング各1/4カップ　ココナッツオイル、メープルシロップ　各大さじ1　メープルシュガー大さじ3　塩小さじ1/3

●作り方
材料をジャーに入れてふたを閉め、よく振って全体をまぜ合わせる。

ピーナッツバターなどのソース
はちみつやメープルシロップ、ジャムやチョコソース(p.27)でも。

クランブル、シリアルなど
手作り（p.122）でも、市販のものでもOK。

ココナッツロング
スーパーの製菓材料売り場などで入手できる。

アーモンドスライスなどナッツ類
どんなナッツ類も相性がよい。

ブルーベリーなど好みのフルーツ
冷凍やドライフルーツでもOK。

| 美肌 | つや髪 |

アサイーボウル
TOTAL 70g

PART 1 DRINK
スムージーボウル

●材料（350mlのガラスジャー1個分）
冷凍アサイーピューレ（無糖）
　1袋（100g）
アボカド　1/2個
冷凍ブルーベリー　大さじ4
メープルシロップまたははちみつ
　大さじ1
豆乳またはアーモンドミルク（p.70）
　100ml

TOPPING
ピーナッツバター、グラノーラ、いちご、ブルーベリー、バナナなど　適量

●作り方
材料をミキサーに入れてかくはんし、ジャーに注いでトッピングをのせる。

※加糖のアサイーピューレを使用する場合は、メープルシロップの量で甘さを調整する。

TIPS!
アボカドとアサイーの相乗効果

アボカドはビタミンA、C、Eが豊富で、良質な脂質は老化を予防。同じくアンチエイジング効果のあるアサイーとのコンビは最強！

PART 1 DRINK
スムージーボウル

| 美肌 | つや髪 |

グリーン
スムージーボウル

TOTAL 30g

● 材料（ガラスジャー1個分）
ほうれんそうの葉　1株分
冷凍バナナ　2本
りんご　1/4個
豆乳またはアーモンドミルク（p.70）
　100ml

TOPPING
グラノーラ、シリアル、ココナッツロング、フルーツ、ミントなど　適量

● 作り方
材料をミキサーに入れてかくはんし、ジャーに注いでトッピングをのせる。

TIPS!
市販のグラノーラを
利用しても

穀物やナッツがたっぷりのグラノーラをのせると、ボリュームや栄養もアップ。手作りグラノーラ（p.49）はもちろん、市販品で好みのものを見つけるのも楽しい。

53

ストロベリースムージーボウル

●材料(350mlのガラスジャー1個分)
アボカド　1/2個
冷凍いちご　6個
メープルシロップまたははちみつ
　大さじ1
豆乳またはアーモンドミルク(p.70)
　100ml

TOPPING
グラノーラ、シリアル、アーモンドスライス、フルーツ、ドライフルーツなど適量

TIPS!
天然の甘み
"メープルシロップ"

メープルシロップはカエデの樹液。ミネラルやビタミン、ポリフェノールなど栄養価が高く、風味豊かな香りをプラスできる甘味料。

チョコレートスムージーボウル

●材料(350mlのガラスジャー1個分)
アボカド　1個
純ココアパウダー、メープルシロップ
　各大さじ2
シナモンパウダー　少々
塩　ひとつまみ
豆乳またはアーモンドミルク(p.70)
　150ml

TOPPING
グラノーラ、アーモンドスライス、フルーツ、ピーナッツバターなど　適量

TIPS!
ファンデいらずのビューティーボウル

ココアは血行を促進し、顔色を明るくしてくれる食材。保湿効果の高いオレイン酸がたっぷりのアボカドも加え、お肌つやつやに。

●作り方(2品共通)
材料をミキサーに入れてかくはんし、ジャーに注いでトッピングをのせる。

美肌　つや髪
ストロベリー
スムージーボウル
TOTAL 70g

DETOX WATER

デトックスウォーター

近年市販のペットボトル飲料でも香りや味のついた水が
浸透していますが、無添加で栄養素の高い自家製が絶対おすすめ。
水に果物やハーブを加えるだけなので驚くほど簡単です。
もともと水はデトックス作用があるうえ、果物やハーブの
ビタミンがとけ出した水は、美容効果もアップ。
液体にとけやすい水溶性のビタミンを、
効率よく吸収することができます。
香りや味もほんのりと水に移るので、
真水を飲むのが苦手な人でも飲みやすくなります。
見た目が美しく華やかなので、
おもてなしやパーティーのドリンクにも。
手間がかからずさっと作れるのに、喜ばれるのがうれしい。

基本のデトックスウォーターの作り方

デトックスウォーターは、スムージーよりもっと自由で簡単！
フレーバーだけでなくビタミンもたっぷり。
水を飲む習慣を、もっともっと継続して楽しめるはずです。

> **材料はこれだけ**
> ・水
> ・野菜や果物

1 ハーブは葉をつみ、厚みのある果物や野菜は薄切りにする。

POINT!
味が水にとけ込みやすく、見た目にも美しいので基本的に材料は薄切りに。

2 ジャーに1とはちみつなどの甘味料を入れて水を注ぎ、マドラーでまぜる。

POINT!
はちみつがとけたら、すぐに飲むことができます。

■ **野菜や果物は洗う**
野菜や果物は、皮ごと使う場合、よく洗いましょう。

■ **柑橘類の皮はむいて**
オレンジやレモン、ライムなどの柑橘類は、輸入物の場合外皮に防腐剤などが付着しているので、薄くむいて使用します。

■ **具材は食べる？**
具材は食べても問題ないですが、時間がたつにつれて味が薄くなり、おいしくなくなってしまいます。その分栄養素や味は水にとけ出しているので水を味わって。

■ **冷凍フルーツと生のフルーツ**
スムージーと同様に、どちらを使ってもOK。冷凍のほうが色や香りが出やすい。

■ **一定時間おくときは**
ジャーのふたを閉め、野菜や果物は1日程度でフレーバーが出きってしまうので、それ以降はとり出し、2日以内には飲みきりましょう。

■ **冷たくして飲みたいとき**
水を飲むときは常温がおすすめですが、冷やしたいときは氷を入れて。

■ **甘味料は好みで調節して**
はちみつやメープルシロップなどの甘味料は、好みで量を調節して。おいしく飲めれば無糖でもOK。

| デトックス | 美肌 |

キウイレモネード
ウォーター

● 材料（ガラスジャー１個分）
キウイ（薄切り）　3枚
レモン（外皮をむいて薄切り）　2枚
レモンのしぼり汁　大さじ1
メープルシロップ　大さじ2.5

TIPS!
キウイのビタミンを
ドリンクに

キウイはビタミンCとEが豊富で、抗酸化力抜群のフルーツ。肌のトーンが明るくなるほか、ストレスへの抵抗力もつく。

| デトックス | 小顔 |

メープルレモネード
ウォーター

● 材料（ガラスジャー１個分）
レモン（外皮をむいて薄切り）　4枚
レモンのしぼり汁　大さじ1
メープルシロップ　大さじ2.5

TIPS!
レモンがとけ出した
リキッドで元気を
チャージ

クエン酸が多く含まれるレモンは、疲労を回復する効果が。塩少々を入れるとデトックス作用も加わり、夏バテ防止にも。

| デトックス | 美肌 |

ストロベリーレモネード
ウォーター

●材料（ガラスジャー1個分）
いちご（薄切り）　2～3個分
レモン（外皮をむいて薄切り）　2枚
レモンのしぼり汁　大さじ1
メープルシロップ　大さじ2.5

●作り方（3品共通）
ジャーに材料を入れ、水350mlを注いでマドラーでよくまぜる。

TIPS!
いちごの色と
香りがほんのり

メープルのまろやかな甘みと甘ずっぱいいちごが好相性。好みのハーブを入れてもおいしい。いちごは冷凍でもOK。

メロン&セロリの
デトックスウォーター

`デトックス` `小顔`

● 材料（ガラスジャー1個分）
メロン（スプーンでくりぬく）　1/2カップ
セロリ（3等分に切る）　1/2本

TIPS!
メロンでむくみがすっきり

甘いメロンとセロリの香りが意外にマッチ。メロンには余分な水分を排出する働きがあるので、むくみ対策に効果的。

きゅうり&レモンの
デトックスウォーター

`デトックス` `小顔`

● 材料（ガラスジャー1個分）
きゅうり（ピーラーで細長く薄切り）　4枚
レモン、ライム
　（ともに外皮をむいて薄切り）　各2枚

TIPS!
体内の水分を調節し
デトックス力の
強いきゅうり

きゅうり水!?　と斬新に感じるが、アメリカでは夏の定番ドリンク。水分がとどこおった重い体を調節してくれる。

● 作り方（2品共通）
ジャーに材料を入れ、水400mlを注いでマドラーでよくまぜる。

PART 1 DRINK
デトックスウォーター

デトックス
小顔
美肌

ベリー&オレンジのビタミンウォーター

● 材料（240mlのガラスジャー1個分）
いちご（薄切り）　2枚
冷凍ブルーベリー　大さじ1/2
オレンジ（外皮をむいて薄切り）　1枚
はちみつ　小さじ1
ミント　適量

● 作り方
ジャーに材料を入れ、水200mlを注いでマドラーでよくまぜる。

TIPS!
おもてなしにも喜ばれる華やかさと味
カラフルで、パーティードリンクにもぴったり。写真のようにジャーにたくさん作ってリボンや花でDIYしたり、ピッチャーに入れても。

デトックス　美肌

チェリージンジャー
ハニーウォーター

デトックス　小顔

アップルシナモン
ハニーウォーター

チェリージンジャーハニーウォーター

● **材料**（240mlのガラスジャー1個分）
ブラックチェリー（薄切り）　3個分
しょうが（薄切り）　3枚
はちみつ　大さじ1/2

TIPS!
チェリーはアンチエイジングに効果的
ブラックチェリーは抗酸化物質が豊富でアンチエイジングに◎。しょうがとはちみつを加えるとさらに免疫力が高まり、かぜ予防にも。

アップルシナモンハニーウォーター

● **材料**（240mlのガラスジャー1個分）
りんご（薄切り）　4枚
オレンジ（外皮をむいて薄切り）　1枚
シナモンスティック　1本
はちみつ　大さじ1/2

TIPS!
はちみつで、おなかの中から元気に
栄養価の高い生はちみつには、善玉菌をふやして腸内環境をととのえる作用も。漢方では胃腸の薬として使われるシナモンも加えて、さらに整腸効果がアップ。

● **作り方**（2品共通）
ジャーに材料を入れ、水200mlを注いでマドラーでよくまぜる。

※水のかわりにぬるめの湯を注いでホットで楽しんでも。

デトックス 小顔

パイナップルレモン
COCOウォーター

● 材料（ガラスジャー1個分）
パイナップル（角切り） 1/10個分
レモン（外皮をむいて薄切り） 3枚
ココナッツウォーター 400ml

● 作り方
ジャーに材料を入れ、マドラーでよくまぜる。

TIPS!
ココナッツウォーター＋パイナップル＝代謝アップ
ミネラル豊富なココナッツウォーターとビタミンB1が多く含まれるパイナップルは、どちらも代謝を促し、疲労を回復してくれる。

PART 1 DRINK
デトックスウォーター

デトックス　小顔

ブルーベリー
COCOウォーター

●材料（ガラスジャー1個分）
冷凍ブルーベリー　1/4カップ
ライム（外皮をむいて薄切り）　3枚
ココナッツウォーター　400ml

●作り方
ジャーに材料を入れ、マドラーでよ
くまぜる。

TIPS!
目の疲れにブルーベリー
ブルーベリーには、視力の低下を防ぐアントシアニンが含まれる。生のブルーベリーで作っても0K。好みでミントを加えても清涼感が増してgood。

COLUMN　ピッチャーに入れて、涼しげに
たくさん作ってピッチャーに入れると、おもてなし風に。甘いジュースよりも料理との相性がよく、お酒が飲めない人にも喜ばれる。

カモミールティー オレンジウォーター

デトックス　小顔

●**材料**（ガラスジャー1個分）
オレンジ（外皮をむいて薄切り）　3枚
しょうが（薄切り）　2枚
カモミールティー（ティーバッグ）　1袋
水　300ml

スパークリング ナナティー

デトックス　小顔

●**材料**（ガラスジャー1個分）
ミント　1カップ
アールグレイティー（ティーバッグ）　1袋
メープルシロップ　大さじ2
炭酸水（無糖）　300ml

| デトックス | 美肌 |

スパークリング
いちごグリーンティー

●材料（ガラスジャー1個分）
いちご（薄切り）　3個分
緑茶（ティーバッグ）　1袋
炭酸水（無糖）　300ml

●作り方（3品共通）
ジャーに材料を入れてふたをし、ティーが水にとけ出すまでおく。
※好みのハーブを加えてアレンジを楽しんでも。

TIPS!
お気に入りの
ティーバッグを使って

「カモミール」の甘い香りには心をしずめる効果が。「スパークリングナナティー」は、イスラエルで食後に飲まれるアールグレイ×生ミントをアレンジ。「緑茶」に含まれるカテキンは、食事の脂肪吸収をおだやかにする作用がある。

TIPS!
炭酸水で
きれいになれる!?

疲労の原因「乳酸」を退治し、疲れを回復する。腸内を刺激して便秘、美肌にも効き、血中に作用して代謝もアップ。満腹感が得られるので食べすぎも防げる。

NUTS MILK

ナッツミルク

ナッツミルクは、海外では豆乳と同じくらいに
ポピュラーな飲み物。香ばしくリッチな味なのに
あと味がさっぱりしているところが特徴です。
主な材料は生ナッツと水。ミキサーでまぜるだけで、
まるで牛乳のようになめらかな飲み物になるので驚き。
生ナッツとは、ローストせずに乾燥させたナッツのことで、
製菓材料売り場で購入できます。
生ナッツはミネラルやたんぱく質、抗酸化物質が豊富で、
アンチエイジングや美容のために積極的に摂取したい食材。
牛乳や豆乳のかわりに気軽にとり入れましょう。

基本のナッツミルクの作り方

かくはんすることで、固形のナッツが
あっという間にミルク状になる瞬間に、はじめは感動！
アーモンドミルク、くるみミルクのレシピは、
私があみ出したベストな配合をご紹介します。

> **材料はこれだけ**
> ・水
> ・生ナッツ
> ・塩少々と好みで
> 　メープルシロップ

1

生ナッツは2倍量の水につける。

POINT!
アーモンドは8時間から一晩浸水が必要。やわらかいくるみは、浸水なしでもOK。

2

ざるに上げて水けをきり、メープルシロップ、水、塩とともにミキサーに入れ、かくはんする。

POINT!
無糖にしたい場合はシロップなしで。

3

なめらかになったらでき上がり。

POINT!
ミキサーをいったんオフにして二度回すと、さらに口当たりがなめらかに。

■ **ナッツは多めに浸水させると便利**
生ナッツは一晩水につけるとやわらかくなるだけでなく、眠っていた栄養素が目覚めます。浸水させたナッツは水けをよくきったあと、ガラスジャーに入れて冷蔵庫で3日間ほど保存できるので、数日分作りおきしてもOK。

■ **料理などに使うときは無糖が使いやすい**
料理に牛乳がわりに加えるときや、他のスムージーに加えるときは、無糖で作ると使いやすい。もちろん、無糖でそのまま飲んでもOK。

■ **ミキサーは、こまかくかくはんできるものを**
ナッツミルクはなるべくなめらかに仕上げるために、バーミキサーよりも、繊維が残りにくいパワフルなミキサーの使用がおすすめ。

■ **たっぷりめに作って保存しても**
アーモンドミルクはふたをして冷蔵庫に入れれば、2～3日楽しめます。保存性の高いメイソンジャーでいつでもフレッシュなミルクを。

BASIC

美肌　つや髪

アーモンドミルク

冷蔵保存で **3日**

- **材料**（ガラスジャー1個分）
生アーモンド（浸水させる）
　大さじ2（約16粒）
メープルシロップ　大さじ1.5（好みでかげん）
塩　ひとつまみ

- **作り方**
材料と水350mlをミキサーに入れてなめらかになるまでかくはんし、ジャーに注ぐ。他のスムージーに使う場合は無糖にすると使いやすい。

TIPS!
栄養の宝庫、アーモンド

アーモンドは抗酸化物質、たんぱく質、カルシウム、ビタミンEが豊富。体の内側からうるおいをもたらし、肌や髪の乾燥を防ぎます。

PART 1 DRINK
ナッツミルク

ARRANGE

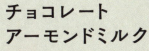

チョコレート
アーモンドミルク

冷蔵
保存で
3日

● **材料**（ガラスジャー1個分）
生アーモンド（浸水させる）　大さじ2（約16粒）
メープルシロップ　大さじ2（好みでかげん）
純ココアパウダー　大さじ1
塩　ひとつまみ

● **作り方**
材料と水350mlをミキサーに入れてなめらかになるまでかくはんし、ジャーに注ぐ。

TIPS!
試してみたい
〝ローカカオ〟

純ココアパウダーをローカカオパウダー大さじ1にかえてもOK。低温で加工したローカカオは、緑茶の30倍の抗酸化物質を含むスーパーフード。

71

ARRANGE

美肌 つや髪

アーモンドアボカド スムージー2種
～プレーン＆ブルーベリー～
TOTAL 70g

● 材料
　（240mlのガラスジャー2個分）
生アーモンド
　（浸水させる）　大さじ2（16粒）
メープルシロップ　大さじ4
塩　ひとつまみ
アボカド　1個
［ブルーベリースムージーを
作る場合］
＋ 冷凍ブルーベリー　大さじ4

● 作り方
材料と水400mlをミキサーに入れてなめらかになるまでかくはんし、ジャーに注ぐ。

TIPS!
シリアル＋ナッツミルク がおすすめ

シリアルに牛乳がわりに注ぐと朝食に◎。シリアルは好みのものでOKだが、酵素や栄養素の損失を防ぐために48度以下で作られた、ローシリアルだとさらに栄養満点。

PART 1 DRINK
ナッツミルク

BASIC

美肌　つや髪

くるみミルク

● 材料（ガラスジャー1個分）
生くるみ　大さじ3
メープルシロップ　大さじ1.5（好みでかげん）
塩　ひとつまみ

● 作り方
生くるみは流水でよく洗う。材料と水350mlをミキサーに入れてなめらかになるまでかくはんし、ジャーに注ぐ。

TIPS!
くるみは脳を
活性化させる
効果も

生くるみは栄養満点なうえ、脳の働きを助けるオメガ3脂肪酸が豊富に含まれることから、別名「ブレインフード」とも呼ばれている。

● 材料(240mlのガラスジャー2個分)
生くるみ　大さじ3
メープルシロップ　大さじ2
抹茶　小さじ1.5
塩　ひとつまみ

● 作り方
生くるみは流水でよく洗う。材料と水350ml をミキサーに入れてなめらかになるまでかくはんし、ジャーに注ぐ。

TIPS!
ほっとひと息、
抹茶のなごみ系
ドリンク

抹茶に多く含まれるテアニンは、緊張をやわらげる効果が。イライラを防ぐナッツと合わせて、深いリラックス状態へと導いてくれる。

ARRANGE

美肌　　つや髪

抹茶くるみラテ

PART 1 DRINK
ナッツミルク

ARRANGE

美肌　つや髪

ストロベリー
くるみシェイク

● 材料（ガラスジャー1個分）
生くるみ　大さじ2
メープルシロップ　大さじ1
冷凍バナナ　1本
冷凍いちご　5個
塩　ひとつまみ

● 作り方
生くるみは流水でよく洗う。材料と水200ml
をミキサーに入れてなめらかになるまでかく
はんし、ジャーに注ぐ。

TIPS!
いちご×くるみで
肌のハリや
うるおいをサポート

いちごはコラーゲンの生成を助け、弾力のある肌をつくるビタミンCが豊富。くるみの脂質が、うるおいやツヤもケアしてくれる。

75

キヌア
鉄、カルシウムなどのミネラルが豊富で、毎日とりたい必須アミノ酸も全種類含まれている。味にクセがなく食べやすいので、サラダに入れてプチプチとした食感を楽しんで。

スーパーフードにトライ

スーパーフードとは、栄養バランスにすぐれた食品や、一部の栄養成分が非常に多く含まれている食品のこと。アサイーやココナッツオイルをはじめとし、注目の食材です。スムージーやサラダに使うことで、自然の大いなる恵みを日常的にとり入れましょう。

PICKUP
SUPER FOOD

麻の実ナッツ
すこやかな肌やコシのある髪をつくってくれる良質のたんぱく質やオメガ3脂肪酸がたっぷり。ミネラルや食物繊維も豊富で、ごまのようなコクがあり、和食との相性も抜群。

ココナッツウォーター
熟す前のココナッツの中にある透明な水分。電解質のバランスが人間の血液と近いので、水分補給に最適。むくみを改善するカリウムや新陳代謝を促すマグネシウムが豊富。

アサイー

ブラジル原産の植物の果実。老化の原因となる活性酸素を吸収し、消去する力は果物の中でもトップクラス。カルシウム、鉄、食物繊維など多くの栄養素の宝庫であるスーパーフルーツ。

チアシード

シソ科の植物、チアの種。水分を吸うとふくらみ、とろりと不思議な食感に。たんぱく質、ビタミン、ミネラルに加え、コレステロール値や中性脂肪値を下げるオメガ3脂肪酸も豊富。

ヴァージンココナッツオイル

分解や燃焼のスピードが早く脂肪になりにくいうえ、すでに蓄積した脂肪の燃焼を助ける効果も。栄養素を損なわないコールドプレス（低温圧搾）製法で作られたものを選ぶとよい。

スーパーフードはどこで買える？

スーパーフードは、健康食品店や一部のスーパー、輸入食品店、ネット通販などで購入することができます。キヌアはスーパーの雑穀コーナーで売られていることも。ネット通販で私がよく利用するお店はLiving Life Market Place(p.96)。

PART **2** SALAD

作りおきできておもてなしにも華やか。
ジャーサラダ

透明なジャーに、カラフルな野菜を重ねていくと、その美しさにびっくり。メイソンジャーを買ったら、注目のジャーサラダに挑戦しましょう。ねかせておいしくなる作りおきサラダも必見。野菜の新鮮さはそのままに、味がまろやかになじんだサラダが、いつでも食べられます！

p.81 》》 レイヤーサラダ
p.92 》》 ジャーシェイク
　　　　 ドレッシング
p.96 》》 ねかせるサラダ

JAR SALAD

ジャーサラダ　〜レイヤーサラダとねかせるサラダ〜

どんなに忙しくても「健康と美容に効果的で新鮮な野菜を、
たっぷり食べたい！」というニーズを多々耳にします。
野菜の恵みは何ものにもかえがたいものですよね。
そんな女性の救世主が、ジャーサラダ。
ねかせるほど味がなじんでおいしくなるサラダはもちろん、
野菜を何層にも重ねたレイヤーサラダは、
その鮮やかさが注目を集めています。
密閉度の高いガラスジャーを使えば、つけ込むサラダはもちろん、
レイヤーサラダの野菜をシャキシャキのまま数日間保存可能。
下の層はドレッシングの味がしみて、
時間がたつほどおいしくなります。
たっぷり作って冷蔵保存しておけばいつでもサラダが食べられ、
おべんとうや持ち寄りなどの持ち運びにも便利。
色鮮やかで注目度も大です。

基本のレイヤーサラダの作り方

レイヤーサラダをおいしく美しく、より新鮮に保てる作り方を
マスターしましょう。本書のレシピの材料表には、
入れる順番に番号をふってあるので参考にしてください。

1
お好みのドレッシング（p.92〜）を用意する。材料は小さめに切る。
POINT!
下ゆでなどで加熱した材料は、あら熱をとること。

2
清潔なガラスジャーにドレッシングを入れる。

3
最初に水分の少ない野菜や、ドレッシングとなじませたい材料（玉ねぎなど）を入れる。

4
かための野菜→水分の多い野菜→クスクスやパスタなど穀類→ねぎなどやわらかい野菜の順で入れ、最後に葉物野菜や、あればナッツなどのトッピングを入れる。
POINT!
葉物野菜は水けを十分にきること。新鮮な状態で保存できます。

5
保存するときは、ふたをしっかり閉めて冷蔵庫へ。
POINT!
二重ぶたのジャーは、最初に内ぶたを閉めて中央のふくらみ部分を指で押し、外ぶたを閉める。

6
食べるときは、上から順にお皿に出していくと、きれいに盛りつけできる。最後のドレッシングの層はまんべんなくトッピングして。ガラスジャーから直接食べる場合は、ガラスジャーを横にしてよく振り、ドレッシングを全体にまぜる。
POINT!
翌日以降に食べる場合、密閉度の高いジャーがおすすめ(p.10〜13)

● 材料（約500mlのガラスジャー1個分）
① スイートコーン（缶詰・無糖） 1/2カップ
② きゅうり（角切り） 1/3カップ（1/2本）
③ トマト（角切り） 1/2カップ（1/2個）
④ クスクス（乾燥） 1/4カップ
⑤ 万能ねぎ（小口切り） 1/4カップ（2本）
⑥ ミントの葉 1カップ

BEST MATCH
地中海ドレッシング（p.95） 大さじ3

● 作り方
1. ボウルにクスクスと熱湯50mlを入れ、E.V.オリーブオイル少々（分量外）を回し入れる。ラップをかけて5分ほど蒸らし、あら熱をとる。
2. ジャーにドレッシングを入れ、具材を①〜⑥の順番に重ね入れ、ふたをしっかり閉める。

デトックス
小顔

イスラエルサラダ

冷蔵保存で5日
TOTAL 225g

TIPS!
たんぱく質をチャージしたい日は
【ツナ】

ミントとレモンの風味がさわやかな、イスラエルの名物料理。ボリュームを出したい場合はツナを入れるととてもよく合う。

PART 2 SALAD
レイヤーサラダ

● 材料（約500mlのガラスジャー 1 個分）
① ビーツ（角切り）　1/2カップ（1/3個）
② ひよこ豆（缶詰）　1/4カップ
③ カリフラワー（小さく切る）
　 1/4カップ（2〜3房）
④ セロリ（角切り）　1/4カップ（1/8本）
⑤ オレンジ（皮をむいて果肉をとり出す）4房
⑥ サワークリーム
　 （またはカテージチーズ）　大さじ2
⑦ パセリ（あらいみじん切り）　1カップ（1/2袋）
BEST MATCH
サルサドレッシング（p.94）　大さじ3

● 作り方
ジャーにドレッシングを入れ、具材を①〜⑦の順番に重ね入れ、ふたをしっかり閉める。

TIPS!
ボルシチのような
真紅のサラダ

ビーツはサトウダイコンの仲間で甘みがあり、ドレッシングにつけると赤い色素がとけ出し美しい。ビタミン、ミネラルが豊富で、シミ、しわ、たるみ防止に。

美肌
小顔

パセリとビーツのボルシチ風サラダ

冷蔵保存で4日
TOTAL 175g

 つや髪 　美肌

いちごとレタスの
フレンチサラダ

冷蔵保存で4日　TOTAL 115g

● 材料
（約500mlのガラスジャー1個分）
①ひよこ豆　1/4カップ
②紫玉ねぎ（薄切り）　大さじ2
③セロリ（薄切り）
　1/2カップ（1/4本）
④アーモンドスライス　大さじ2
⑤いちご（薄切り）　3個分
⑥黒オリーブ（スライス）　大さじ2
⑦カテージチーズ　大さじ2
⑧レタス（ちぎる）　1カップ（1～2枚）

BEST MATCH
地中海ドレッシング(p.95)
　大さじ3

● 作り方
ジャーにドレッシングを入れ、具材を①～⑧の順番に重ね入れ、ふたをしっかり閉める。

TIPS!
たんぱく質を
チャージしたい日は
【スモークサーモン】

おもてなしにも向く鮮やかなサラダ。スモークサーモンや生ハムなどを加えると、さらにごちそう感もアップ。

PART 2 SALAD
レイヤーサラダ

つや髪
かぼちゃと
カシューナッツの
サラダ

冷蔵・保存で 4日
TOTAL 270g

●材料（約500mlのガラスジャー1個分）
①セロリ（薄切り）　1/2カップ（1/4本）
②紫玉ねぎ（薄切り）　大さじ2
③かぼちゃ（角切り）　1カップ（小1/4個）
④スナップえんどう　1/4カップ（3個）
⑤カシューナッツ　大さじ2
BEST MATCH
ごまみそ中華ドレッシング（p.95）　大さじ3

●作り方
1　かぼちゃとスナップえんどうはかためにゆで、あら熱をとる。
2　ジャーにドレッシングを入れ、具材を①〜⑤の順番に重ね入れ、ふたをしっかり閉める。

TIPS!
たんぱく質をチャージしたい日は【ハム】
ハムは手間なくボリュームアップできて便利な具材。適度に切って入れても、そのままくしゅっとまとめて加えても。

85

● 材料（約500mlのガラスジャー1個分）
① なす（5mm角に切る） 1/2個分
② きゅうり（5mm角に切る） 1/2本分
③ ピーマン（赤・5mm角に切る） 大さじ2
④ オクラ（5mm角に切る） 3本分
⑤ みょうが（みじん切り） 1個分
⑥ 貝割れ菜（みじん切り） 適量
⑦ 青じそ 1束

BEST MATCH
和風にんにくしょうがだれ
（p.94） 大さじ3

● 作り方
ジャーにドレッシングを入れ、具材を①～⑦の順番に重ね入れて、ふたをしっかり閉める。

TIPS!
たんぱく質をチャージ
したい日は【蒸し鶏】

蒸したささ身や胸肉は高たんぱく低カロリーで質のよい筋肉をつくる。夏野菜を刻んだ山形の郷土料理「だし」をアレンジしたサラダはごはんにかけてもおいしい。

デトックス　美肌

青じそ、みょうが、なすのだし風サラダ

冷蔵保存で5日　TOTAL 180g

PART 2　SALAD
レイヤーサラダ

● 材料（約500mlのガラスジャー1個分）
① 大根（薄切り）　1/4カップ（1/10本）
② かぶ（薄切り）　1/4カップ（1/4個）
③ グレープフルーツ
　（小房に分けて果肉をとり出す）　4房
④ ミニトマト（輪切り）　3個分
⑤ はるさめ　15g
⑥ 松の実　大さじ1
⑦ 三つ葉の葉　1カップ（1袋）

BEST MATCH
和風にんにくしょうがだれ
（p.94）　大さじ3

● 作り方
1　はるさめは熱湯でもどして、あら熱をとる。
2　ジャーにドレッシングを入れ、具材を①〜⑦の順番に重ね入れて、ふたをしっかり閉める。

TIPS!
たんぱく質をチャージ
したい日は【たこ】

ゆでだこを加えてさっぱりとしたおかずサラダにしても。大根やかぶ、はるさめは利尿作用があり、むくみを改善、たるみをすっきりさせてくれる。

デトックス　小顔

大根と三つ葉の
はるさめサラダ

冷蔵保存で4日
TOTAL 205g

● 材料（約500mlのガラスジャー1個分）
① キドニービーンズ（缶詰）　1/2カップ
② にんじん（角切り）　1/4カップ（1/8本）
③ トマト（輪切り）　1/4カップ（1/3個）
④ 紫玉ねぎ（あらいみじん切り）　大さじ2
⑤ アボカド（角切り）　1/4カップ（小1/2個）
⑥ トルティーヤチップス　2～3枚
⑦ パクチーの葉　1カップ（2～3株）

BEST MATCH
サルサドレッシング（p.94）　大さじ3

● 作り方
ジャーにドレッシングを入れ、具材を①～⑦の順番に重ね入れて、ふたをしっかり閉める。

デトックス　美肌

メキシカン
チリビーンズサラダ

冷蔵保存で**5日**

TOTAL
235g

TIPS!
たんぱく質を
チャージしたい時は
【ひき肉】

いためたひき肉やチーズもいっしょにトルティーヤにはさむとタコス風になる。パーティーなどに持っていくと盛り上がる一品。

PART 2 SALAD
レイヤーサラダ

| つや髪 | 美肌 |

根菜とくるみの白あえ風春菊サラダ

冷蔵保存で 5日　TOTAL 275g

● 材料（約500mlのガラスジャー1個分）
①ごぼう（薄切り）　1/2カップ（1/6本）
②大根（ピーラーでスライス）
　1/2カップ（1/8本）
③くるみ（あらく刻む）　1/4カップ
④ラディシュ（薄切り）　1/4カップ（2個）
⑤マッシュルーム（薄切り）　1/4カップ（2個）
⑥春菊の葉　1カップ（1/3束）

BEST MATCH
タヒニクリームドレッシング（p.95）
大さじ3

● 作り方
ジャーにドレッシングを入れ、具材を①〜⑥の順番に重ね入れて、ふたをしっかり閉める。

TIPS!
たんぱく質をチャージしたい日は
【チキン】

スモークチキンをプラスするとランチにもgood。なべに移し、水とみそを適量加えて熱すると、スープにも変身する。

89

<small>デトックス</small>
<small>つや髪</small>

生ズッキーニと温野菜のサラダ

冷蔵保存で4日　TOTAL 170g

●材料（約500mlのガラスジャー1個分）
① ズッキーニ（薄い輪切り）　1/4カップ（1/4本）
② にんじん（角切り）　1/4カップ（1/8本）
③ ヤングコーン（水煮）　3本
④ カリフラワー（小房に分ける）
　 1/4カップ（2～3房）
⑤ ブロッコリー（小房に分ける）
　 1/4カップ（2～3房）
⑥ 素焼きアーモンド（あらく刻む）　適量

BEST MATCH
タヒニクリームドレッシング（p.95）
　大さじ3

●作り方
1　にんじん、カリフラワー、ブロッコリーは
　　かためにゆでて、あら熱をとる。
2　ジャーにドレッシングを入れ、具材を①～
　　⑥の順番に重ね入れて、ふたをしっかり閉
　　める。

TIPS!
マリネしたズッキーニが美味！
加熱することが多いズッキーニだが、実は
生でもおいしい野菜。いちばん下に入れる
ことで、ドレッシングの味がよくなじむ。

PART 2 SALAD
レイヤーサラダ

デトックス
美肌

きくらげと
もやしの
中華サラダ

冷蔵保存で 4日 TOTAL 135g

● 材料（約500mlのガラスジャー1個分）
① 黒きくらげ（細切り）　1/2カップ
② きゅうり（細切り）　1/4カップ（1/4本）
③ ピーマン（赤・細切り）　1/4カップ（1/2個）
④ ピーマン（緑・細切り）　1/8カップ（1/4個）
⑤ もやし　1/2カップ
⑥ 松の実　大さじ2

BEST MATCH
ごまみそ中華ドレッシング（p.95）　大さじ3

● 作り方
1　黒きくらげは水でもどし、もやしはかためにゆで、あら熱をとる。
2　ジャーにドレッシングを入れ、具材を①〜⑥の順番に重ね入れて、ふたをしっかり閉める。

TIPS!
たんぱく質を
チャージしたい日は
【えび】

黒きくらげと松の実の組み合わせは、髪、肌、つめにうるおいをもたらす。ゆでえびや蒸し鶏などを加えてもおいしい。

ジャーシェイクドレッシング

レイヤーサラダはもちろん、好みの野菜にかけて。

サルサドレッシング

和風にんにくしょうがだれ

ガラスジャーで作るドレッシングのいいところ

1 » HEALTHY!

手作りだから、安心な材料を選ぶことができるし、添加物や保存料もゼロ！

2 » EASY!

材料をガラスジャーに入れて、まぜるだけ。短時間でさっと作れます。

3 » SIMPLE!

ガラスジャーで作って、そのまま食卓に。洗い物も最小限ですみます。

PART 2 SALAD
シェイクドレッシング

タヒニクリームドレッシング

 4 » **PORTABLE!**

ふたをしっかり閉めれば
持ち運びもOK。ピクニックや
持ち寄りパーティーに。

ごまみそ中華ドレッシング

 5 » **FRESH!**

ジャーを消毒して、
新鮮さをキープ。保存期間は
各レシピを参照。

地中海ドレッシング

93

サルサドレッシング

冷蔵保存で **5日**

●材料（120mlのガラスジャー1個分）
E.V.オリーブオイル　60ml
ミニトマト（みじん切り）　3個分
玉ねぎ（みじん切り）　大さじ2
ライムのしぼり汁　1/2個分
りんご酢　大さじ1
チリパウダー　小さじ1
ガーリックパウダー、塩　各小さじ1/2

TIPS!
ピリッとした辛みがアクセント
酸味のあるトマトとスパイシーなチリパウダーは相性抜群。チリパウダーは代謝を上げて、血行を促進する効果も。

和風にんにくしょうがだれ

冷蔵保存で **5日**

●材料（120mlのガラスジャー1個分）
太白ごま油　100ml
しょうゆ　大さじ2
米酢　大さじ1
ジンジャーパウダー、ガーリックパウダー　各小さじ1/2
白こしょう　少々

TIPS!
香味野菜のおいしさたっぷり
しょうがとにんにくは、どちらも血行をよくし、疲れをとってくれる野菜。食欲のないときにもおすすめ。

●作り方（5品共通）
すべての材料をガラスジャーに入れ、ふたをしっかり閉めてよく振り、全体をよくまぜ合わせる（タヒニクリームとごまみそ中華は、まざりにくいときはスプーンでまぜてから）。

タヒニクリームドレッシング

冷蔵保存で5日

●材料（120mlのガラスジャー1個分）
ねり白ごま　大さじ3
E.V.オリーブオイル　80ml
レモンのしぼり汁　1/2個分
メープルシロップ　小さじ1
ガーリックパウダー、塩　各小さじ1/2

TIPS!
ねりごま〝タヒニ〟で濃厚な口当たり

地中海地方ではねりごまのことを〝タヒニ〟といいます。まったりとしたコクのあるドレッシングで、満足感のある味わい。

ごまみそ中華ドレッシング

冷蔵保存で5日

●材料（120mlのガラスジャー1個分）
すり黒ごま　大さじ3
太白ごま油　80ml
ごま油、はちみつ、みそ、りんご酢　各大さじ1

TIPS!
ごまみそのしっかり味で野菜がすすむ

香ばしいごまの風味が食欲をそそるドレッシング。ごまは肌と髪の乾燥を防ぎ、体の内側からうるおしてくれる。

地中海ドレッシング

冷蔵保存で5日

●材料（120mlのガラスジャー1個分）
E.V.オリーブオイル　100ml
レモンのしぼり汁　1個分
黒こしょう　小さじ1/2
白こしょう　小さじ1/3
ローリエ　1枚
塩　小さじ1

TIPS!
どんな野菜にも合うベーシック味

さっぱりとしたレモン風味のドレッシング。オリーブオイルには腸壁をスムーズにして、便通をよくする作用もある。

ねかせるサラダ

●**材料**(約500mlのガラスジャー1個分)
にんじん　1本
紫キャベツ(せん切り)　1/2カップ(1枚)
レーズン(乾燥)　大さじ1
A ┌ E.V.オリーブオイル　大さじ3
　├ りんご酢、メープルシロップ
　│　　各大さじ1
　└ 塩　小さじ1/2

●**作り方**
1　ジャーにAを入れ、まぜ合わせる。
2　ピーラーで薄く切ったにんじん、紫キャベツ、レーズンを加え、ふたを閉めてジャーを横にねかせ、クルクル転がしてAをなじませる。
3　冷蔵庫に入れ、20分以上おく。

美肌

キャロットラペ

冷蔵保存で**3日**　TOTAL **200g**

TIPS!
カロテン豊富なにんじんの美肌サラダ
カロテンが多く含まれるにんじんは、皮膚や粘膜を保護する効果があり、肌のくすみやシミ、しわにも働きかけてくれる。

PART 2　SALAD
ねかせるサラダ

美肌
小顔

タイ風ラペ

冷蔵保存で **3日**　TOTAL **155g**

● 材料（約500mlのガラスジャー1個分）
にんじん（せん切り）　1カップ（1/2本）
紫玉ねぎ（薄切り）　大さじ1
レモンの皮（果汁をしぼったレモンを使用）
　1/4個分
パクチー　1/2カップ（1株）
ピーマン（赤）　1/2個
セロリ　1/4本
はるさめ（水でもどす）　1カップ（1/3袋）
A ┌ りんご酢　大さじ2
　│ レモンのしぼり汁　1/4個分
　│ E.V.オリーブオイル　大さじ3
　│ はちみつ　大さじ1/2
　│ チリパウダー　小さじ1/2
　│ ガーリックパウダー　適量
　└ 塩麹　小さじ1

● 作り方
1　ジャーにAを入れ、まぜ合わせる。
2　にんじん、紫玉ねぎ、細切りにしたレモンの皮、ざく切りにしたパクチー、せん切りにしたピーマン、薄切りにしたセロリ、はるさめを加える。
3　ふたを閉めてジャーを横にねかせ、クルクル転がして全体をなじませる。
4　冷蔵庫に入れ、20分以上おく。

TIPS!
レモンがきいたエスニックのコク深い味わい
華やかなエスニック味は持ち寄りパーティーでも人気。レモンは皮をよく洗って使用を。国産のものを選ぶとより安心。

マヨなしカリーポテサラ

冷蔵保存で 2日　TOTAL 450g

●材料（約500mlのガラスジャー1個分）
じゃがいも　4〜6個
パセリ（みじん切り）　大さじ3
きゅうり（薄切り）　1/2カップ（1/2本）
紫玉ねぎ（薄切り）　大さじ2
A ┌ E.V.オリーブオイル　大さじ3
　│ 豆乳またはアーモンドミルク（p.70）
　│ 　　大さじ1
　│ りんご酢、メープルシロップ
　│ 　　各大さじ1/2
　│ カレー粉　小さじ1
　│ 塩　小さじ1/2
　└ 黒こしょう　適量

●作り方
1　ジャーにAを入れ、まぜ合わせる。
2　じゃがいもはゆでて皮をむき、あらくつぶし、パセリ、きゅうり、紫玉ねぎとともに1に加える。
3　ふたを閉めてジャーを横にねかせ、クルクル転がして全体をなじませる。あら熱がとれたら冷蔵庫に入れ、20分以上おく。

TIPS!
マヨなしでもクリーミーでコクたっぷり

豆乳（またはアーモンドミルク）＋酢で、マヨネーズ不使用でもまろやかな味わいに。さらにスパイスでアクセントをきかせて。

PART 2 SALAD
ねかせるサラダ

つや髪

アジアンコールスロー

冷蔵保存で 2日　TOTAL 140g

● 材料（約500mlのガラスジャー1個分）
キャベツ（せん切り）　2カップ（2枚）
にんじん（せん切り）　1/2カップ（1/4本）
A ┌ ピーナッツバター（無糖）、はちみつ、米酢　各大さじ1
　├ ジンジャーパウダー、しょうゆ、ごま油　各小さじ1/2
　└ ガーリックパウダー　適量

● 作り方
1　ジャーにキャベツとにんじんをぎゅっと詰め込む。
2　なめらかにまぜ合わせたAを注ぎ、ふたを閉めて冷蔵庫に入れ、1時間以上おく。途中でジャーを横にねかせてクルクル転がし、全体をなじませる。

TIPS!
キャベツで胃腸もお肌も元気に
キャベツに含まれるビタミンUは消化機能を回復し、肌荒れにも効果的。さらに老化防止効果のあるピーナッツもトッピングして、美肌力をアップ。

小顔
ベトナム風ピクルス
冷蔵保存で **5**日 TOTAL 290g

デトックス　美肌
2種類のマスタードピクルス
冷蔵保存で **5**日 TOTAL 165g

にんじん&パプリカ&きゅうり

カリフラワー&ラディシュ

ベトナム風ピクルス

●材料（約500mlのガラスジャー1個分）
大根（せん切り）　1カップ（1/4本）
にんじん（せん切り）　1カップ（1/2本）
セロリ（せん切り）　1/4カップ（1/8本）

A ┌ 米酢、水　各80ml
　├ はちみつ　大さじ2
　└ 塩　小さじ1/2

●作り方
1　ジャーに大根、にんじん、セロリを入れる。
2　まぜ合わせたAを流し入れてふたを閉め、冷蔵庫に入れて一晩以上おく。

TIPS!
ベトナムではサンドイッチに

パクチー、焼き豚といっしょにフランスパンにはさみ、ナンプラー少々をかけると、ベトナムのサンドイッチ、バインミーのでき上がり。

2種類のマスタードピクルス

●材料（240mlのガラスジャー2個分）
■にんじん&パプリカ&きゅうり
にんじん（スティック状に切る）　1/3カップ（1/8本）
パプリカ（スティック状に切る）　1/3カップ（1/6個）
きゅうり（スティック状に切る）　1/3カップ（1/3本）
■カリフラワー&ラディシュ
カリフラワー（小房に分ける）　1/2カップ（1/6個）
ラディシュ　4個

A ┌ りんご酢、水　各80ml
　├ はちみつ　大さじ1/2
　├ マスタードパウダー、塩　各小さじ1/2
　└ ターメリックパウダー　小さじ1/3

●作り方
1　2つのジャーににんじんとパプリカときゅうり、カリフラワーとラディシュをそれぞれ入れる。
2　まぜ合わせたAを半量ずつ注いでふたを閉め、冷蔵庫に入れて一晩以上おく。

TIPS!
美容に効果的なりんご酢（アップルサイダービネガー）

りんご酢は、体のpHバランスをととのえて、肌荒れなどのトラブルを防いでくれる効果がある。

[つや髪][美肌]
ブロッコリーの梅ごまサラダ
冷蔵保存で2日　TOTAL 235g

[小顔]
きゅうりのピリ辛漬け
冷蔵保存で2日　TOTAL 210g

ブロッコリーの梅ごまサラダ

● 材料（約500mlのガラスジャー1個分）
ブロッコリー（小房に分ける）
　ガラスジャー1杯分
玉ねぎ（みじん切り）　大さじ2
A ┬ 太白ごま油　大さじ3
　├ 梅肉、はちみつ　各大さじ1
　├ いり白ごま　大さじ2
　└ 塩　小さじ1/2

● 作り方
1　ジャーにAを入れ、まぜ合わせる。
2　ブロッコリーはかためにゆでてあら熱をとり、1に入れる。玉ねぎも加える。
3　ふたを閉めてジャーを横にねかせ、クルクル転がして全体をなじませる。完全に冷まして冷蔵庫に入れ、20分以上おく。

TIPS!
疲労回復に効果的な梅干し
梅干しに含まれるクエン酸にはすぐれた疲労回復効果が。さらにブロッコリーに豊富なビタミンCは、体の抵抗力を高めてくれる。

きゅうりのピリ辛漬け

● 材料（約500mlのガラスジャー1個分）
きゅうり（スティック状に切る）　2本分
しょうが（薄切り）　2～3枚
A ┬ しょうゆ、ごま油　各大さじ2
　├ 太白ごま油　大さじ1
　├ ラー油　小さじ1/2
　└ 赤とうがらし（小口切り）　1本分

● 作り方
1　ジャーにAを入れてまぜ合わせ、きゅうりとしょうがを入れる。
2　ふたを閉めてジャーを横にねかせ、クルクル転がして全体をなじませる。冷蔵庫に入れ、一晩以上おく。

TIPS!
きゅうりで暑い日も元気をチャージ
きゅうりは夏の暑さでほてった体の熱を冷ましてくれる野菜。夏バテ対策に積極的にとりたい。

COLUMN
そのままはもちろん、ごはんのおともにぴったり

2品とも、和食や中華料理の副菜としてもぴったり。ビールなどの肴としてもおいしいので、ランチや夕食に作りおきしておくと便利。

デトックス
彩りきんぴらマリネ

冷蔵保存で 3日　TOTAL 280g

● 材料（約500mlのガラスジャー1個分）
にんじん、セロリ　各1/2本
ごぼう　1本
ピーマン　1個
干ししいたけ（水でもどす）　2〜3個
糸こんにゃく　1/2カップ（1/3袋）
A ┌ しょうゆ　大さじ2
　├ はちみつ　大さじ1
　├ いり白ごま　大さじ3
　└ 太白ごま油　大さじ3

● 作り方
1　糸こんにゃくはさっと湯通しする。にんじんとごぼうとセロリは、ピーラーで薄く切る。ピーマンはせん切りに、干ししいたけは薄切りにする。
2　ジャーにAを入れ、まぜ合わせる。1を入れてふたを閉め、ジャーを横にねかせ、クルクル転がして全体をなじませる。
3　冷蔵庫に入れ、20分以上おく。

COLUMN　きんぴらをまぜごはんにArrange

ごはんと合わせると、野菜たっぷりのまぜごはんに。ごま油の風味で食がすすむ。のり巻きの具として巻いても美味。

PART 2 SALAD
ねかせるサラダ

小顔　美肌

さつまいもの バルサミコマリネ

冷蔵保存で 3日
TOTAL 280g

● 材料（約500mlのガラスジャー1個分）
さつまいも（角切り）　1カップ（1/4本）
りんご（角切り）　1/2カップ（1/4個）
紫玉ねぎ（薄切り）　大さじ2
パセリ（みじん切り）　大さじ2
A ┃ E.V.オリーブオイル　大さじ3
　 ┃ バルサミコ酢　大さじ1/2
　 ┃ レモンのしぼり汁　1/4個分
　 ┃ 塩　小さじ1/2
　 ┃ 黒こしょう　適量

● 作り方
1　ジャーにAを入れ、まぜ合わせる。
2　さつまいもは水に入れて火にかけ、やわらかくなるまでゆでてあら熱をとる。さつまいもとりんご、紫玉ねぎ、パセリを1に入れる。
3　ふたを閉めてジャーを横にねかせ、クルクル転がして全体をなじませる。完全に冷まして冷蔵庫に入れ、20分以上おく。

TIPS!
さつまいもは
シミ・そばかすを防止し、
美白の強い味方

さつまいもはビタミンCが多く含まれており、シミ・そばかすを防止する。バルサミコ酢の深い味わいとぴったり。

105

マッシュルームのオイルマリネ

● **材料**（約500mlのガラスジャー1個分）
マッシュルーム（四つ割り）　ガラスジャーの3/4量
玉ねぎ、ピーマン（赤）、パセリ（各みじん切り）　各大さじ2
A ┌ バルサミコ酢　大さじ2
　├ 塩　小さじ1/2
　└ 黒こしょう、ガーリックパウダー　各適量
E.V.オリーブオイル　約1カップ

● **作り方**
1　ジャーにマッシュルーム、玉ねぎ、ピーマン、パセリを入れ、Aを加える。
2　オリーブオイルをジャーの半分以上の高さまで注ぎ入れる。ふたを閉めて冷蔵庫に入れ、一晩以上おく。

TIPS!
オリーブオイルは抗酸化物質の宝庫
抗酸化物質が豊富なオリーブオイルをたっぷり使ったマリネ。ワインのつまみや、肉料理のつけ合わせにも。

紫キャベツとりんごとくるみのマリネ

● **材料**（約500mlのガラスジャー1個分）
紫キャベツ（せん切り）　1.5カップ（1/6個）
りんご（細切り）　1/2カップ（1/4個）
紫玉ねぎ（薄切り）　大さじ2
くるみ（あらく刻む）　大さじ2
レーズン（乾燥）　大さじ1
A ┌ E.V.オリーブオイル　大さじ3
　├ りんご酢　大さじ2
　├ クミンパウダー　小さじ1/3
　└ 塩　小さじ1/2

● **作り方**
1　ジャーにAを入れてまぜ合わせ、紫キャベツ、りんご、紫玉ねぎ、くるみ、レーズンを加える。
2　ふたを閉めてジャーを横にねかせ、クルクル転がして全体をなじませる。冷蔵庫に入れ、20分以上おく。

TIPS!
紫色は、若返りに効く成分
紫キャベツは抗酸化作用のあるアントシアニンや、美肌効果の高いカロテン、ビタミンCなど女性にうれしい成分がいっぱい。

美肌　つや髪

マッシュルームの
オイルマリネ

冷蔵保存で5日
TOTAL
121g

COLUMN

ガラスジャーでDIY

そのまま使ってもかわいいガラスジャーですが、
シンプルなデザインだけに、
ちょっとアレンジするだけで、がらっと
雰囲気が変わります。身近なもので簡単にできる
アイディアをご紹介します。

SPOON

ひもの結び目にスプーンをさす
アイディア。持ち寄りやピクニックのときにスプーンセットにするとかわいく演出できます♡

FLOWER OR HERB

ひもをジャーにくるっと巻いて蝶々結びにし、結び目に花やハーブをさすとナチュラルなかわいさ。ホームパーティーやおもてなしのドリンクに。

DIY IDEAS

ジャーを花びんがわりに。テクニックがなくても大丈夫。花の種類は少なめにして、無造作にさすだけで様になります♡

ワックスペーパーをジャーにかぶせ、ひもでぐるりと結ぶとラッピングのでき上がり。二重のふたの内ぶたがあると、水けの多いものでも安心。

WAX PAPER

FLOWER VASE

| PART 2 | **COLUMN** ジャーでDIY |

PAPER STRAW

RIBBON

耐水性のある紙でできたペーパーストローは、かわいい色や柄が魅力。ジャードリンクにさすと気分が上がります。

シックな光沢のあるリボンで巻くと、大人かわいい雰囲気に。グラノーラやスイーツ、ジャムなどを詰めてプレゼントにどうぞ。

FOR
GLASS
JAR

HANDMADE FLAG

自分で紙を切って作ったタグにスタンプを押す。パンチで2カ所に穴をあけてストローを通すと、楽しさ満点のフラッグに。

雑貨屋さんで見つけるとつい買ってしまうかわいらしい紙製タグ。パンチで穴をあけ、ひもでジャーに結ぶと、市販のギフトのよう。

アルファベットのスタンプは、なんと300円ショップで見つけたもの。メニュー名や、お客さまの名前、ちょっとしたメッセージをタグにポンポン♪

PAPER TAG

STAMP

109

PART 3 LUNCH & SWEETS

ランチやブランチ、おやつに。
ジャーべんとう＆ジャースイーツ

スムージーやサラダよりも食べごたえがあって、これ1品で
ランチやブランチになるジャーべんとうをご紹介します。
ジャーはどんな形でもOKですが、口が広めのものが
食べやすくておすすめ。日常メニューにもおすすめですが、
ピクニックなどに持っていくと気分が上がります。

p.112 　　ジャーべんとう
p.118 　　ジャースイーツ

JAR
LUNCH BOX

ジャーべんとう

かつて会社員だったころ、毎朝おべんとうを作って
持っていっていましたが、サラダ野菜がどうしても
ベチャッとしてしまうのが悩みでした。
でも、メイソンジャーなら、その悩みが一気に解決！
密閉度が高いので、時間がたっても
シャキッとした食感を味わえます。
ごはんやめんなど適度な炭水化物と野菜がたっぷり、
良質な油もしっかりとれるので、おなかが満たされます。

[美肌] [つや肌]
[小顔]

キヌアのコブサラダ
べんとう

冷蔵保存で5日　TOTAL 125g

● 材料（約500mlのガラスジャー1個分）
① キドニービーンズ（缶詰）　1/4カップ
② にんじん（角切り）　1/4カップ（1/8本）
③ きゅうり（角切り）　1/4カップ（1/4本）
④ キヌア（乾燥）　1/3カップ
⑤ セロリ（角切り）　1/4カップ（1/8本）
⑥ アボカド（角切り）　1/4カップ（小1/4個）
⑦ ミント　適量

BEST MATCH
地中海ドレッシング（p.95）　大さじ3.5

● 作り方
1 キヌア、水250ml、塩ひとつまみ（分量外）をなべに入れ、中火で加熱する。焦げないようかきまぜながら、水分がしっかりとぶまで炊いて火を止め、あら熱をとる。
2 ジャーにドレッシングを入れ、具材を①～⑦の順番に重ね入れ、ふたをしっかり閉める。

TIPS!
キヌアでおなかすっきり！
キヌアは南米産の雑穀（p.76）。食物繊維を多く含み、野菜といっしょに摂取することで、さらに整腸効果がアップする。

アボカドのライスサラダべんとう

 冷蔵保存で2日　TOTAL 140g

● 材料（約500mlのガラスジャー1個分）
① 玉ねぎ（みじん切り）　大さじ1
② にんじん（角切り）　1/2カップ（1/4本）
③ きゅうり（角切り）　1/4カップ（1/4本）
④ アーモンドスライス　大さじ2
⑤ 冷やごはん　1/2カップ
⑥ 麻の実ナッツ　大さじ2
⑦ アボカド（薄切り）　4〜5枚
⑧ 貝割れ菜　適量
⑨ ミニトマト　2〜3個

A
- ゆずこしょう　小さじ1/4
- 太白ごま油　大さじ3
- りんご酢、しょうゆ　各大さじ1/2
- 塩　小さじ1/3
- 黒こしょう　適量

● 作り方
ジャーにAを入れてまぜ合わせ、具材を①〜⑨の順番に重ね入れ、ふたをしっかり閉める。

TIPS! 麻の実ナッツで美しく

麻の実ナッツは良質なたんぱく質を含ーパーフード（p.76）。なければいりまで代用しても。ごはんは白米でも玄米や雑穀米でもOK。

| デトックス | 小顔 |

押し麦のリゾット風べんとう

冷蔵保存で 2〜3日　TOTAL 185g

● 材料（約500mlのガラスジャー1個分）
押し麦（乾燥）　1/2カップ
完熟トマト（角切り）　1個分
紫玉ねぎ（みじん切り）　大さじ2
パセリ（みじん切り）　1/3カップ
A ｢ りんご酢　大さじ2
　　塩麹　小さじ1.5
　　E.V.オリーブオイル　大さじ3

● 作り方
1　押し麦、水300ml、塩ひとつまみ（分量外）をなべに入れて中火で加熱する。焦げないようかきまぜながら、水分がしっかりとぶまで炊いて火を止め、あら熱をとる。
2　ジャーにAをまぜ合わせ、1、トマト、玉ねぎを入れて全体をまぜ、パセリを加えてふたをしっかり閉める。

TIPS!
押し麦のプチプチ食感がおいしい
トマトの酸味がよくなじんだライスサラダ。胚芽押し麦は水溶性と不溶性の食物繊維がバランスよく含まれ、腸の働きを促してくれる。

つや髪

枝豆の
パスタべんとう

冷蔵保存で2~3日　**TOTAL 65g**

● 材料
（約500mlのガラスジャー1個分）
ショートパスタ（乾燥）
　1と1/4カップ
枝豆（ゆでて豆をとり出すか、
　冷凍タイプ）
　1/4カップ（20さや）
ミニトマト（薄切り）　2個分
ベビーリーフ　1/4カップ

A ┌ E.V.オリーブオイル
　│　　大さじ3
　│　バルサミコ酢　小さじ1
　│　塩　小さじ1/3
　│　ガーリックパウダー、
　└　　黒こしょう　各適量

● 作り方
1　ショートパスタはややかためにゆでて、あら熱をとる。
2　ジャーにAをまぜ合わせ、ショートパスタを入れてからめる。枝豆、ミニトマト、ベビーリーフを加え、ふたをしっかり閉める。

TIPS!
おべんとうには
ショートパスタがおすすめ

ショートタイプのパスタはソースとからみがよく食べやすい。また、めんタイプよりのびにくいのでおべんとう向き。パルミジャーノを振りかけても美味。

美肌

ヌードルサラダ
べんとう

冷蔵保存で 2〜3日　**TOTAL** 60g

● 材料
　（約500mlのガラスジャー1個分）
冷凍うどん　1.5カップ（1玉）
セロリ（細切り）
　1/4カップ（1/8本）
きゅうり（細切り）
　1/4カップ（1/4本）
みょうが（細切り）
　1/4カップ（1個）
貝割れ菜　適量
梅干し　1個

A ┬ 太白ごま油　大さじ3
　├ しょうゆ　大さじ1
　├ りんご酢　小さじ1
　├ ジンジャーパウダー　適量
　├ いり白ごま　大さじ2
　└ ねりわさび　少々

● 作り方
1　冷凍うどんは袋の表示どおりにゆでて流水でぬめりをとり、水けをきる。
2　ジャーにAをまぜ合わせ、うどんを入れてからめる。野菜類と梅干しを加え、ふたをしっかり閉める。

TIPS!
コクうま風味の
サラダうどん

うどんはコシが強くのびにくい冷凍タイプがおすすめ。ごまとごま油がうどんにからんで、見た目以上に満足感のあるおべんとうに。

PART 3　LUNCH & SWEETS
ジャーべんとう

JAR
SWEETS

ジャースイーツ

ジャースイーツは、やさしい甘さと
適度なボリュームがある、おやつメニュー。
フルーツやナッツなどヘルシーな材料がベースなので、
罪悪感なく食べられます。
夜仕込んで朝ごはんに食べてもいいし、
ちょっと小腹がすいたとき用に、冷蔵庫に常備しておいても。
また、スーパーフードとの相性がいいので、スイーツに
とり入れてみましょう。焼かないクランブルや、
白い砂糖を一切使わないレシピは必見です。

PART 3 LUNCH & SWEETS ジャースイーツ

つや髪　美肌

アーモンドミルクポリッジ

冷蔵保存で **2日**

● 材料（350mlのガラスジャー1個分）
オートミール（オーツ麦）　1/2カップ
アーモンドミルク（p.70）　200ml
メープルシロップ　大さじ1

● 作り方
1　ジャーにオートミール、アーモンドミルク、メープルシロップを加えてまぜ合わせ、そのままトロリとするまで15分ほどおく。
2　好みでブラックベリーなどのフルーツをのせる。

TIPS!
"ポリッジ"＝オートミールのかゆ
オートミールはオーツ麦を押しつぶした食品で、食物繊維やカルシウムが豊富。水分がしみ込むと加熱しなくてもトロッとおかゆのような食感になり、朝食にぴったり。一晩おいてオーバーナイトポリッジにしても。

| PART 3 | LUNCH & SWEETS ジャースイーツ |

| つや髪 | 美肌 |

チアプディング ~抹茶&ショコラ~

●材料（約240mlのガラスジャー各2個分）
■抹茶チアプディング
チアシード　大さじ6
メープルシロップ　大さじ1
抹茶くるみラテ(p.74)　400ml
■ショコラチアプディング
チアシード　大さじ6
メープルシロップ　大さじ2
チョコレートアーモンドミルク(p.71)　400ml

●作り方
ジャーにチアシード、メープルシロップを等分に入れ、抹茶くるみラテまたはチョコレートアーモンドミルクをそれぞれのジャーに注ぐ。ふたをしっかり閉めてよく振り、20分以上おく。

TIPS!
〝チアシード〟でふるふる食感

注目のスーパーフード〝チアシード〟(p.77)は、水分を吸収するとふくらみ、タピオカのような口当たりに。夜作って翌日食べても。

つや髪　美肌

焼かない
アップルクランブル

- ●材料（200mlのガラスジャー 2 個分）
  りんご（ピーラーで薄く切る）　1/2カップ（1/4個）
- ■焼かないクランブル
  素焼きアーモンド、生くるみ　各1/4カップ
  ココナッツオイル、メープルシロップ
  　各大さじ1
  シナモンパウダー　小さじ1
  ナツメグパウダー　小さじ1/2
  塩　小さじ1/3

- ●作り方
1. ファスナーつきポリ袋にクランブルの材料を入れ、ジャーの底であらく砕く。
2. ジャーにりんごを入れ、1のクランブルをのせる。

COLUMN　ジャーを利用した超簡単クランブル

クランブルは本来、そぼろ状の生地をオーブンで焼いて作るが、こちらはジャーで砕くだけのお手軽レシピ。ナッツをたっぷり加えることで十分に香ばしく仕上がる。焼かないので食品の栄養素が壊れず、手軽。冷蔵保存で3日間。スムージーボウルやピーチクリームのトッピングにも。

デトックス　美肌　小顔

アボカド
ピーチクリーム

TOTAL 70g

●材料（120mlのガラスジャー2個分）
アボカド　1/2個
桃　アボカドと同量
メープルシロップ　大さじ1

●作り方
材料と水大さじ2をミキサー（フードプロセッサーやバーミキサーでもOK）に入れてなめらかになるまでまぜる。ミキサーの刃が回らない場合は、少しずつ水を足す。

PART 3 LUNCH & SWEETS ジャースイーツ

TIPS!
桃は生でも
冷凍でもOK

桃は水溶性食物繊維が豊富で、腸の働きを助けてくれるフルーツ。メロンやパイナップル、マンゴーで作ってもおいしい。

つや髪　美肌

マスカルポーネのフルーツトライフル

PART 3 LUNCH & SWEETS
ジャースイーツ

●材料(240mlのガラスジャー2個分)
焼かないクランブル(p.122) 1/2カップ
マスカルポーネ 1/2カップ
好みのフルーツ
　(写真は、いちご[四つ割り]、オレンジ[小
　房に分けて果肉をとり出す]、キウイ[角切
　り]) 適量
はちみつ 大さじ1

●作り方
1 ジャーにクランブルを入れ、フルーツ(一部を飾り用に残す)を層になるよう敷いて重ね、その上にマスカルポーネをのせる。
2 フルーツをトッピングし、はちみつをかける。

COLUMN チアプディングに重ねてさらにリッチに。
たっぷり食べてもヘルシー

容量の大きいガラスジャーで作って、さらにチアプディング(p.121)やアボカドピーチクリーム(p.123)に重ねると豪華なデザートに。生クリームなしでも満足でき、たっぷり食べてもヘルシーなのがうれしい。

125

材料別Index

【野菜】

青じそ
青じそとキウイのデトックススムージー　41
青じそ、みょうが、なすのだし風サラダ　86

かぼちゃ
かぼちゃとカシューナッツのサラダ　85

カリフラワー
パセリとビーツのボルシチ風サラダ　83
生ズッキーニと温野菜のサラダ　90
2種類のマスタードピクルス　101

キャベツ・紫キャベツ
キャロットラペ　96
アジアンコールスロー　99
紫キャベツとりんごとくるみのマリネ　106

きゅうり
グリーンガスパチョ　47
きゅうり&レモンのデトックスウォーター　60
イスラエルサラダ　82
青じそ、みょうが、なすのだし風サラダ　86
きくらげともやしの中華サラダ　91
マヨなしカリーポテサラ　98
2種類のマスタードピクルス　101
きゅうりのピリ辛漬け　103
キヌアのコブサラダべんとう　113
アボカドのライスサラダべんとう　114
ヌードルサラダべんとう　117

クレソン
クレソンのデトックススムージー　38

黒きくらげ
きくらげともやしの中華サラダ　91

ごぼう
根菜とくるみの白あえ風春菊サラダ　89
彩りきんぴらマリネ　104

小松菜
クラシックグリーンスムージー　35

さつまいも
さつまいものバルサミコマリネ　105

じゃがいも
マヨなしカリーポテサラ　98

春菊
春菊といちごのアボカドスムージー　41
根菜とくるみの白あえ風春菊サラダ　89

しょうが
アップルジンジャーシナモンミルク　31
チェリージンジャーハニーウォーター　63
きゅうりのピリ辛漬け　103

スイートコーン
イスラエルサラダ　82

ズッキーニ
生ズッキーニと温野菜のサラダ　90

セロリ
ベジタブルパワースムージー　39
メロン&セロリのデトックスウォーター　60

パセリとビーツのボルシチ風サラダ　83
いちごとレタスのフレンチサラダ　84
かぼちゃとカシューナッツのサラダ　85
タイ風ラペ　97
ベトナム風ピクルス　101
彩りきんぴらマリネ　104

大根
大根と三つ葉のはるさめサラダ　87
根菜とくるみの白あえ風春菊サラダ　89
ベトナム風ピクルス　101

玉ねぎ・紫玉ねぎ
いちごとレタスのフレンチサラダ　84
かぼちゃとカシューナッツのサラダ　85
メキシカンチリビーンズサラダ　88
サルサドレッシング　94
マヨなしカリーポテサラ　98
さつまいものバルサミコマリネ　105
紫キャベツとりんごとくるみのマリネ　106
アボカドのライスサラダべんとう　114
押し麦のリゾット風べんとう　115

トマト
アーモンドトマトスープ　47
イスラエルサラダ　82
メキシカンチリビーンズサラダ　88
押し麦のリゾット風べんとう　115

なす
青じそ、みょうが、なすのだし風サラダ　86

にんじん
メキシカンチリビーンズサラダ　88
キャロットラペ　96
タイ風ラペ　97
アジアンコールスロー　99
ベトナム風ピクルス　101
2種類のマスタードピクルス　101
彩りきんぴらマリネ　104
アボカドのライスサラダべんとう　114

パクチー
パクチーミルキースムージー　38
メキシカンチリビーンズサラダ　88
タイ風ラペ　97

パセリ
パセリのデトックススムージー　38
バイカラースムージー　ピンク×グリーン　45
グリーンガスパチョ　47
パセリとビーツのボルシチ風サラダ　83
マヨなしカリーポテサラ　98
さつまいものバルサミコマリネ　105
押し麦のリゾット風べんとう　115

パプリカ
グリーンガスパチョ　47
2種類のマスタードピクルス　101

ビーツ
パセリとビーツのボルシチ風サラダ　83

ピーマン
青じそ、みょうが、なすのだし風サラダ　86
きくらげともやしの中華サラダ　91
タイ風ラペ　97
彩りきんぴらマリネ　104
マッシュルームのオイルマリネ　106

ブロッコリー
生ズッキーニと温野菜のサラダ　90
ブロッコリーの梅ごまサラダ　103

ほうれんそう
ほうれんそう抹茶スムージー　42
グリーンスムージーボウル　53

マッシュルーム
根菜とくるみの白あえ風春菊サラダ　89
マッシュルームのオイルマリネ　106

三つ葉
三つ葉のデトックススムージー　38
大根と三つ葉のはるさめサラダ　87

ミニトマト
大根と三つ葉のはるさめサラダ　87
サルサドレッシング　94

みょうが
青じそ、みょうが、なすのだし風サラダ　86
ヌードルサラダべんとう　117

ミント
ミンティオレンジミルクスムージー　42
ベリー&オレンジのビタミンウォーター　61
スパークリングナナティー　66
イスラエルサラダ　82

もやし
きくらげともやしの中華サラダ　91

ラディッシュ
根菜とくるみの白あえ風春菊サラダ　89
2種類のマスタードピクルス　101

レタス
いちごとレタスのフレンチサラダ　84

【果物】

アサイー（ピューレ）
アサイーベリースムージー　25
アサイーボウル　50

アボカド
チョコレートベリースムージー　28
ふわふわストロベリースムージー　29
アボカドはちみつレモン　29
パープルクリーミーココシェイク　33
春菊といちごのアボカドスムージー　41
ほうれんそう抹茶スムージー　42
ミンティオレンジミルクスムージー　42
バイカラースムージー
　　パープル×イエロー　45
グリーンガスパチョ　47
アサイーボウル　50
ストロベリースムージーボウル　54
チョコレートスムージーボウル　54
アーモンドアボカドスムージー2種　72
メキシカンチリビーンズサラダ　88
キヌアのコブサラダべんとう　113
アボカドのライスサラダべんとう　114
アボカドピーチクリーム　123

いちご
アサイーベリースムージー　25
ふわふわストロベリースムージー　29
春菊といちごのアボカドスムージー　41

バイカラースムージー ピンク×グリーン　45
ストロベリースムージーボウル　54
ストロベリーレモネードウォーター　59
ベリー＆オレンジのビタミンウォーター　61
スパークリングいちごグリーンティー　67
ストロベリーくるみシェイク　75
いちごとレタスのフレンチサラダ　84

オレンジ
オレンジマンゴースムージー　30
トロピカルココシェイク　33
クラシックグリーンスムージー　35
春菊といちごのアボカドスムージー　41
ミンティオレンジミルクスムージー　42
ベリー＆オレンジのビタミンウォーター　61
カモミールオレンジウォーター　66

キウイ
青じそとキウイのデトックススムージー　41
キウイレモネードウォーター　58

グレープフルーツ
パセリのデトックススムージー　38
ベジタブルパワースムージー　39
大根と三つ葉のはるさめサラダ　87

パイナップル
トロピカルココシェイク　33
クレソンのデトックススムージー　38
バイカラースムージー
　　パープル×イエロー　45
パイナップルレモンCOCOウォーター　64

バナナ
ピーナッツバターバナナスムージー　27
バナナチョコレートフラペチーノ　27
アップルジンジャーシナモンミルク　31
クラシックグリーンスムージー　35
三つ葉のデトックススムージー　38
クレソンのデトックススムージー　38
パクチーミルキースムージー　38
バイカラースムージー　ピンク×グリーン　45
バイカラースムージー
　　パープル×イエロー　45
グリーンスムージーボウル　53
ストロベリーくるみシェイク　75

ブラックチェリー
チェリージンジャーハニーウォーター　63

ブルーベリー
アサイーベリースムージー　25
チョコレートベリースムージー　28
バイカラースムージー
　　パープル×イエロー　45
アサイーボウル　50
ベリー＆オレンジのビタミンウォーター　61
ブルーベリーCOCOウォーター　65
アーモンドアボカドスムージー2種　72

マンゴー
オレンジマンゴースムージー　30
トロピカルココシェイク　33

メロン
メロン&セロリのデトックスウォーター　60

桃
アボカドピーチクリーム　123

ライム
きゅうり＆レモンのデトックスウォーター　60

りんご
アボカドはちみつレモン　29
アップルジンジャーシナモンミルク　31
クラシックグリーンスムージー　35
パセリのデトックススムージー　38
青じそとキウイのデトックススムージー　41
ほうれんそう抹茶スムージー　42
グリーンスムージーボウル　53
アップルシナモンハニーウォーター　63
さつまいものバルサミコマリネ　105
紫キャベツとりんごとくるみのマリネ　106
焼かないアップルクランブル　122

レモン
パクチーミルキースムージー　38
キウイレモネードウォーター　58
メープルレモネードウォーター　58
ストロベリーレモネードウォーター　59
きゅうり＆レモンのデトックスウォーター　60
パイナップルレモンCOCOウォーター　64

【穀類】
ジャーグラノーラ　49
イスラエルサラダ　82
キヌアのコブサラダべんとう　113
アボカドのライスサラダべんとう　114
押し麦のリゾット風べんとう　115
枝豆のパスタべんとう　116
ヌードルサラダべんとう　117
アーモンドミルクポリッジ　119

【豆類】
枝豆
枝豆のパスタべんとう　116

キドニービーンズ
メキシカンチリビーンズサラダ　88
キヌアのコブサラダべんとう　113

ひよこ豆
パセリとビーツのボルシチ風サラダ　83
いちごとレタスのフレンチサラダ　84

【ナッツ・種子・乾物】
アーモンド（生・素焼き・スライス）
ジャーグラノーラ　49
アーモンドミルク　70
チョコレートアーモンドミルク　71
アーモンドアボカドスムージー2種　72
生ズッキーニと温野菜のサラダ　90
アボカドのライスサラダべんとう　114
焼かないアップルクランブル　122

麻の実ナッツ
アボカドのライスサラダべんとう　114

梅干し・梅肉
ブロッコリーの梅ごまサラダ　103
ヌードルサラダべんとう　117

カシューナッツ
かぼちゃとカシューナッツのサラダ　85

くるみ（生・素焼き）
くるみミルク　73

抹茶くるみラテ　74
ストロベリーくるみシェイク　75
根菜とくるみの白あえ風春菊サラダ　89
紫キャベツとりんごとくるみのマリネ　106
焼かないアップルクランブル　122

チアシード
チアプディング　121

はるさめ
大根と三つ葉のはるさめサラダ　87
タイ風ラペ　97

【乳製品】
パセリとビーツのボルシチ風サラダ　83
いちごとレタスのフレンチサラダ　84
マスカルポーネのフルーツトライフル　124

【その他】
ココナッツウォーター
トロピカルココシェイク　33
パープルクリーミーココシェイク　33
パイナップルレモンCOCOウォーター　64
ブルーベリーCOCOウォーター　65

ココナッツオイル
バナナチョコフラペチーノ　27
ジャーグラノーラ　49
焼かないアップルクランブル　122

純ココアパウダー
バナナチョコレートフラペチーノ　27
チョコレートベリースムージー　28
チョコレートスムージーボウル　54
チョコレートアーモンドミルク　71
チアプディング　121

炭酸水
スパークリングナナティー　66
スパークリングいちごグリーンティー　67

ティーバッグ
カモミールオレンジウォーター　66
スパークリングナナティー　66
スパークリングいちごグリーンティー　67

豆乳またはアーモンドミルク
アサイーベリースムージー　25
ピーナッツバターバナナスムージー　27
バナナチョコレートフラペチーノ　27
チョコレートベリースムージー　28
オレンジマンゴースムージー　30
アップルジンジャーシナモンミルク　31
パクチーミルキースムージー　38
ミンティオレンジミルクスムージー　42
アーモンドトマトスープ　47
アサイーボウル　50
グリーンスムージーボウル　53
ストロベリースムージーボウル　54
チョコレートスムージーボウル　54
マヨなしカリーポテサラ　98
アーモンドミルクポリッジ　119

抹茶
ほうれんそう抹茶スムージー　42
抹茶くるみラテ　74
チアプディング　121

127

WOONIN（ウーニン）

本名・大山吟。スーパーフード＆ライフスタイルクリエーター、SAMBAZONアサイーアンバサダー。ニューヨーク市立大学ハンター校卒業。いちはやくスーパーフードを日常生活にとり入れ、日本に広めた第一人者。大手美容メーカーに勤めていた激務の会社員時代に、ローフード＆スーパーフードによる心身の劇的変化をつづった『woonin makes you happy』が話題に。退職後は、ローフード教室「R.A.W. raw food atelier woonin」を立ち上げる。雑誌のレシピ監修や企業の商品開発など多岐にわたり活躍中で、美意識の高い多くの女性に支持されている。著書に『Kombucha Recipes Book』（グラフィック社）など。

ブログ：
www.ameblo.jp/13-24-33
HP：
www.woonin.jp
Instagram：
@woonin-lifestyle

Staff
ブックデザイン　　　吉村 亮、大橋千恵(Yoshi-des.)
撮影　　　　　　　　日置武晴
調理アシスタント　　小林 愛、照井みゆき
野菜の計量　　　　　伏島京子
取材・文　　　　　　野田りえ
編集担当　　　　　　中野桜子(主婦の友社)

撮影協力
AWABEES
SALON adam et ropé ジュンカスタマーセンター ☎0120-298-133
Living Life Market Place www.livinglifemarketplace.com

ジャースムージー＆サラダ

著　者　　WOONIN
発行者　　荻野善之
発行所　　株式会社主婦の友社
　　　　　〒101-8911
　　　　　東京都千代田区神田駿河台2-9
　　　　　電話03-5280-7537（編集）
　　　　　　　　03-5280-7551（販売）
印刷所　　大日本印刷株式会社

■乱丁本、落丁本はおとりかえいたします。お買い求めの書店か、主婦の友社資材刊行課（電話03-5280-7590）にご連絡ください。
■内容に関するお問い合わせは、主婦の友社（電話03-5280-7537）まで。
■主婦の友社が発行する書籍・ムックのご注文、雑誌の定期購読のお申し込みは、お近くの書店か主婦の友社コールセンター（電話0120-916-892）まで。
＊お問い合わせ受付時間　月〜金（祝日を除く）9：30〜17：30
主婦の友社ホームページ　http://www.shufunotomo.co.jp
©WOONIN 2015 Printed in Japan
ISBN 978-4-07-411275-3

®本書を無断で複写複製（電子化を含む）することは、著作権法上の例外を除き、禁じられています。
本書をコピーされる場合は、事前に公益社団法人日本複製権センター（JRRC）の許諾を受けてください。
また本書を代行業者等の第三者に依頼してスキャンやデジタル化することは、たとえ個人や家庭内での利用であっても一切認められておりません。
JRRC<http://www.jrrc.or.jp　eメール:jrrc_info@jrrc.or.jp　電話:03-3401-2382>

そ-052001